고객 여정 지도 워크숍 가이드

Customer
Journey Map
Workshop
Guidebook

효과적인 고객 경험 관리와
UX 디자인을 위한 접근법

고객 여정 지도
워크숍 가이드

가토 미코토 지음
이정미 옮김

고객의 실제 경험 추적

경험의 시각적 체계화

잠재적 고객과 니즈 발견

고객과의 상호작용 맥락 파악

UX 디자인,
서비스 디자인,
CX 관리를 위한
필수 도구!

유엑스리뷰 SE
SHOEISHA

들어가며

'2시간 반의 워크숍으로 한 장의 고객 여정 지도를 완성한다.' 이 책은 고객 여정 지도에 대해 전혀 모르거나, 알기는 하지만 만들어본 적은 없거나, 만들어본 적이 있지만 활용 방법을 모르는 모든 분이 참고할 수 있노록 노하우를 정리했습니다.

상품을 소비자나 기업에 제공하는 비즈니스 종사자의 입장에서는 고객의 동향과 니즈를 이해하고 예측하는 일이 점점 어려워지고 있습니다. '좋아요를 많이 받는 사진을 찍기 위해 인기 여행지에 간다' '계약 전에 거의 모든 정보를 수집하므로 영업 담당자와의 접촉은 최소화한다' 등 기존과는 다른 행동 양식이 생겨나고 있기 때문입니다. 고객의 행동이 다양해지는 가운데 우리가 그 변화에 어떻게 대응하는 것이 정답일까요?

고객 여정 지도의 개념은 간단합니다. '고객 경험에서 시작해 거슬러 올라가서 회사가 해결해야 할 문제를 발견한다.' 다시 말해 '역추적 접근법'으로 가설과 아이디어를 생각해 나가는 것입니다. 지도 만들기의 핵심 과정 '8단계'는 고객의 시점에서 시작하며, 마지막에 회사의 시점에서 지금의 상황을 재검토하고 고객 대응의 단서를 발견합니다.

필자가 속한 팀이 지금까지 4년 동안 B2C와 B2B를 합쳐 1,000곳이 넘

는 기업에서 선보인 워크숍을 거치면서 이 접근법이 탄생했습니다. 효과는 이 책 5장에 수록한 사례 등을 통해 증명되었습니다.

그리고 워크숍을 실현하는 수단은 키트로 만들어서 런치 박스 크기의 상자에 지도를 그리는 토대인 시트, 고객의 접점과 감정을 나타내는 카드, 펜, 포스트잇, 가이드라인이 모두 들어 있는 알찬 도구로 성장시켰습니다. 이 책은 그 키트에 담은 모든 노하우와 도구를 한 권의 서적으로 만든다는 프로젝트입니다. 키트가 없거나 경험이 풍부한 강사가 없는 상황에서도 워크숍을 실시할 수 있도록 진행을 명확하게 안내합니다.

이 워크숍은 고객의 시점을 전제로 한 마케팅, 매장에서의 고객 응대, 영업 접근법, 조직 개편, 신규 서비스의 개발 등 매우 폭넓은 분야에서 성과를 올렸습니다. 궁극적으로는 기업뿐만이 아니라 무언가 제품이나 서비스를 제공하는 입장에 있는 모든 사람에게 새로운 깨달음을 주는 도구가 되었다고 생각합니다.

기업들은 기존의 경험만으로 극복할 수 없는 급격한 환경 변화에 직면하고 있습니다. 이 책과 함께 '새로운 고객 경험'을 만들어 내는 여정을 시작합시다.

가토 미코토

목차

CHAPTER 1 고객 여정 지도란 무엇인가

CHAPTER 2 워크숍을 성공으로 이끌기 위해

CHAPTER 3 지도를 만들어 보자 [B2C편]

CHAPTER 4 지도를 만들어 보자 [B2B편]

CHAPTER 5 사례로 배우는 지도의 활용

CHAPTER 6 지도를 행동으로 연결하자

이 책의 활용법

이 책은 워크숍 또는 고객 경험 관리 및 디자인의 실무에서 '고객 여정 지도'를 개발하는 방법을 해설합니다. 이 책을 구성하는 6개의 장을 어떻게 읽어 나가면 좋을지 간단히 설명하겠습니다.

▬ 워크숍 전에 읽는다(1장, 2장)

고객 여정과 그것을 가시화한 고객 여정 지도의 개요, 지도의 주인공인 페르소나(대상 고객의 모습)를 제작하는 법을 1장에 정리했습니다.

2장에서는 워크숍의 개최에 필요한 물품과 환경, 진행자인 '퍼실리테이터'의 역할과 '퍼실리테이션'의 핵심을 소개하겠습니다. 활발한 논의가 이루어질 수 있도록 우선 기초를 이해합시다.

▬ 워크숍 개최 시의 가이드로 활용한다(3장, 4장)

이어지는 3장과 4장은 구체적인 워크숍의 진행 방식을 설명합니다. 이 책에서는 8단계에 걸쳐 지도를 개발합니다. B2C와 B2B에서 다루는 내용이 서로 조금 다르기 때문에 2개의 장으로 나누어 각각 개발의 순서를 소개하겠습니다. 소제목에는 단계별 소요 시간이 함께 기재되어 있으므로 진행용 대본으로 사용할 수도 있습니다.

▬ 더 알고 싶다, 활용하고 싶다(5장, 6장)

5장의 사례집에서는 실제로 워크숍을 개최한 기업을 취재해서, B2C와 B2B 각 3사씩 총 6개 사의 사례를 소개합니다. 각 기업에 어떤 과제가 있었는지, 워크숍을 통해 무엇을 발견했는지, 그것이 어떤 정책으로 이어졌는지, 현장의 목소리를 통해 배울 수 있습니다.

책을 마무리하는 6장에서는 고객 여정 지도의 활용법과 깨달음을 행동으로 연결하기 위한 핵심을 정리합니다.

워크숍을 개최하고 싶은 분들에게

이 책은 필자가 실제로 여러 기업들에게 제공하는 고객 여정 지도 워크숍의 노하우를 정리했습니다. 포스트잇을 붙이거나 카드를 배치하는 등 손을 움직이며 생각하는 작업은, 미처 생각하지 못한 발견으로 가득 차 있습니다.

저희는 수많은 기업과 함께 워크숍을 실시하면서 워크숍의 내용과 개발 키트를 조금씩 개선해 왔습니다. 교육을 받은 인증 퍼실리테이터들이 실제 참가자들의 반응을 관찰하며 배운 점을 이 책에 풍부하게 소개하고 있습니다. 특히 3장과 4장에서 설명할 작성 순서는 그대로 따라 하기만 하면 워크숍을 진행할 수 있도록 되어 있습니다. 2장의 퍼실리테이션에 대한 지식은 지도 개발의 순서와 마찬가지로 중요한 부분입니다.

회사에서 워크숍을 개최해 보고 싶거나, 처음이지만 퍼실리테이션에 도전해 보고 싶은 분은 이 책을 참고하며 시도해 보세요.

접점 카드, 감정 카드, 페르소나 시트

이 책의 주제인 워크숍에서는 지도 개발을 위한 키트를 사용합니다(자세한 내용은 138페이지를 참고). 그 키트의 형식은 독자들이 새롭게 만들 수 있으며, 고객의 감정을 나타내는 '감정 카드', 고객이 이용하는 기기 등을 나타내는 '접점 카드'는 별지로 제공하므로 오려서 사용할 수 있고, 별지를 참고하여 변형된 이미지를 직접 만들어서 활용할 수도 있을 겁니다. 잘라서 지도에 붙여 나가면 표현력이 크게 향상됩니다.

또 페르소나의 상세 내용을 기입하는 '페르소나 시트'도 제공합니다. 별지를 참고하여 독자들이 자유롭게 재구성할 수 있을 겁니다.

'접점 카드'는 자주 쓰이는 주요 카드를 엄선했습니다. 부족한 카드가 있다면 이 책에 게재한 카드를 참고해서 직접 만들어 봅시다.

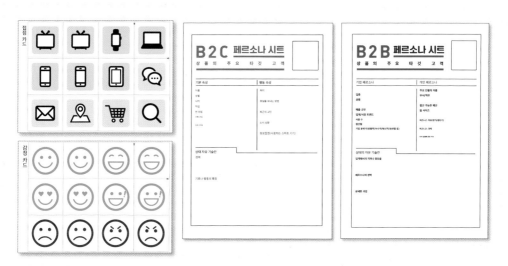

다양한 비즈니스 상황에서 활용할 수 있다

고객 여정 지도의 관점은 다양한 비즈니스 상황에서 활용할 수 있습니다. 이 책의 내용에 얽매이지 않고 자유로운 발상으로 고객 여정 지도를 개발한 뒤 이에 관해 모두 함께 논의해 보세요. 이 책은 그런 시도를 환영합니다.

CHAPTER

1

고객 여정 지도란 무엇인가

고객이 기대하는 새로운 고객 경험

'고객 주도 시대'의 비즈니스

지금은 스마트 스피커에 대고 말하기만 하면 상품 주문이 끝나는 시대다. 스마트폰, SNS, 인공지능……. 다양한 기술의 보급으로 고객은 필요한 정보를 그 순간 즉시 얻게 되어 어느 때보다도 행동의 선택지가 넓어졌다. **의사결정의 주도권은 고객으로 옮겨가고, 고객이 기업에 기대하는 브랜드 경험은 급속히 변화하고 있다.**

그 점을 단적으로 보여주는 조사 데이터가 있다. 15,000명 이상의 소비자와 기업 구매자를 대상으로 실시한 조사[*]에서 전체 고객의 84%가 하나의 '숫자'가 아니라 '개인'으로 대우받는 일이 제품 구매와 서비스 이용에서 매우 중요하다고 응답했다.

기업이 고객의 과거 행동과 구매 이력, 제품의 이용 상황 등의 데이터를 참고하는 것은 물론, 그 사람의 상황을 고려해서 고객과 소통하기를 바란다는 뜻이다.

또 전체 고객의 70%가 매장, 이메일, 고객센터 등의 접점마다 각각 다른 대응이 아니라 그 전까지의 상호작용을 전제로 한 일관성 있는

[*] 〈커넥티드 커스터머 최신 현황—Salesforce Research〉 (2020년)

소비자

고객에 관한 새로운 상식

기업 구매자

개인으로 대우받기를 원한다
— 전체의 84% —

84%   83%

서로 다른 접점에서도
일관된 대응을 원한다
— 전체의 70% —

67%   76%

맞춤형 대응, 기업과 고객의 연결을 고려한 프로세스가 구매나 계약에서 매우 중요하다고 응답했다.

다시 말해 **고객은 항상 '특별한 개인'으로 대접받기를 바란다**는 뜻이다. 예전에는 특정한 패션 브랜드의 온라인 쇼핑몰을 자주 이용하는 사람이 같은 브랜드의 매장을 찾아가면 마치 첫 고객과 같은 응대를 받았다. 그러나 고객과 기업이 다양한 접점에서 연결되면서, 사람들은 일회성 정보나 경험이 아니라 개인의 니즈와 관심사에 대한 이해를 바탕으로 그 사람에게 맞춘 경험을 당연한 듯 요구하게 되었다. 우리는 이것을 **'고객 주도의 시대'**라고 부른다.

고객이 기대하는 경험을 제공한다

그렇다면 기업이 어떤 경험을 제공하는 것이 정답일까? 고객을 가족이나 친구처럼 생각하면 간단한 해결 방법이 보인다.

가령 가족이나 친한 친구의 생일 선물을 사는 경우, 그 사람의 생일을 기억하는 것은 당연하고 좋아하는 음식, 옷 취향, 취미 등 그 사람의 개인적인 측면을 생각할 것이다. 아이가 좋아하는 TV 프로그램의 캐릭터 장난감을 잘 때 몰래 머리맡에 놓아뒀다가 깜짝 놀라게 해 주자. 요즘 바빠 보이니까 같이 스파에 가서 쉬자고 권해 볼까. 무엇을 선물하면 제일 좋아할지 생각하는 것은 자연스러운 행위다.

지금 기업에 요구되는 것은 주변 사람들에 대한 이러한 행위를 고객 대응에 도입하는 일이다. 기존에 기업은 전달하고 싶은 메시지가 있으면 대중매체를 통해 일방적으로 전달했다. 그러나 인터넷이 보급되면서 일반 소비자도 정보를 전달하게 되었고, 그중 일부는 기업 계정보다 더 많은 SNS 팔로워를 보유하기에 이르렀다. 제품 개발에서도 고객의 목소리를 적극적으로 듣고 소비자와 협업하는 일도 흔하다.

이처럼 고객에게 비즈니스의 주도권이 있는 오늘날 상상력을 발휘해 고객의 개인적인 측면을 이해하는 일, 제품과 서비스의 이용에서 끝나는 것이 아니라 고객이 기뻐하는 경험을 제공한다는 본질에 주력하는 일의 중요성이 높아지고 있다. **고객을 비즈니스의 중심에 두고 단순하게 생각하자.**

이 기업, 이 브랜드이기에 자신의 생활 또는 비즈니스의 일부로 받아들이고 싶다고 고객이 생각하도록 만드는 단서는 고객의 이해, 고객의 행동과 감정의 가시화에 있다. 이 책에서 다룰 고객 여정과 고객 여정 지도는 체계적인 고객 이해와 고객 대응의 도구가 될 것이다.

고객 여정이란?

고객 여정이란
'고객의 브랜드 경험 여행'

고객 여정customer journey이란 고객의 일련의 브랜드 경험을 '여행'에 비유한 개념이다. 고객은 특정 브랜드나 상품을 인지, 구매, 재구매하는 각 단계에서 오프라인 매장이나 온라인 쇼핑몰 등 다양한 접점을 오간다. 이 일련의 과정을 고객의 여행이자 '고객 경험'으로 인식하고 시간순으로 가시화함으로써, 고객의 관점에서 그 경험을 파악하고 개선하는 일을 돕는 도구가 고객 경험 지도다.

여행에는 시작짐과 도착점이 있나. 고객이 어떤 상태로 여행을 시작하고, 도착점에 다다를 때는 어떤 상태라면 좋을까? 이 책에서는 그 과정을 워크숍 형식으로 살펴볼 것이다. 이 책에서 제시하는 고객 여정 지도 만들기는 경영 컨설턴트와 함께 거창한 프로젝트를 기획해서 작성하는 것이 아니다. 고객을 제대로 이해하고, 자사의 업무를 파악한다면 여러분 모두 만들어낼 수 있는 것이다. 이 책에서 설명할 간단한 절차를 따라서 새로운 고객 경험의 설계도를 함께 그려 나가자.

▶ 가방을 구매하기까지 잡지, 온라인 쇼핑몰, 매장 등의 접점을 거치며 감정도 변화한다

'출력'의 질은 '입력'이 결정한다

고객 여정 지도를 개발하는 작업은 **'입력'**과 **'출력'**의 프로세스라고 할 수 있다. '입력'이란 해당 제품이나 서비스, 그것을 제공하는 대상인 고객의 모습(페르소나)에 대한 정보, 여정의 시작점과 도착점 등, 지도를 개발할 때 전제가 되는 정보의 입력이다. 이 입력의 질을 높이지 않으면 출력의 질도 높아지지 않는다. '출력'이란 입력한 정보를 바탕으로 지도를 개발함으로써 가시화하는 고객의 행동과 감정, 접점과 대응의 아이디어 등이다.

요즘 이메일을 통한 고객의 유입이 늘지 않는 이유는 무엇일까. 개발 중인 앱의 방향성은 옳은가. 이런 과제와 의문을 지닌 기업 담당자가 많을 것이다. 그 주제로 사내에서 브레인스토밍을 실시하면 대응책을 발견할 수도 있을 것이다. 이것도 '입력'과 '출력'의 예라고 할 수 있다.

이 책에서 소개할 고객 여정 지도를 만들 때는 다섯 가지 층으로 나뉘는 지도 형식을 이용해서 손을 움직이며 아이디어를 정리해 나간다. 틀이 확립되어 있으므로 주제와 참가자가 달라져도 '고객의 시점에서 생각한다'라는 방침이 흔들리는 일은 없다. 대신 '입력'의 질에 따라 '출력'의 질이 달라진다.

고객 여정 지도는 망상인가?

필자가 지금까지 개최한 워크숍에서는 참가자들이 "고객 여정 지도는 망상인가요?"라고 질문하는 일이 때때로 있었다. 틀을 따라 작성한다고는 해도 자신의 주관적인 생각을 나열했을 뿐인 지도에 가치가 있느냐는 의문이다.

여기에 지도 작성 프로세스를 대입해 보면, '입력이 망상'일 경우에는 '출력도 망상'이 된다. 그러나 입력한 고객 정보가 현실을 반영하고, 페르소나에 그 세그먼트에 대한 대표성이 있으며, 배경 정보가 충분할 경우, 출력인 고객 여정 지도는 **'정확도 높은 가설'**이 된다.

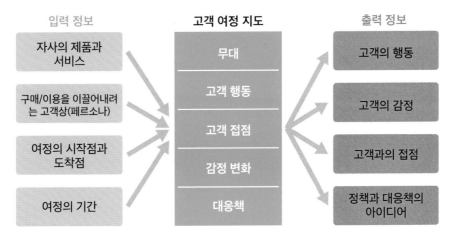

▶ 고객 여정 지도의 입력과 출력의 구조

'As Is(현재 상태)'와 'To Be(바람직한 모습)'

왜 고객 여정 지도가 필요한가

'고객 여정'이라는 사고방식이나 '고객 여정 지도'라는 도구는 특별히 새로운 것은 아니며 예전부터 존재했다. 그러면 필자는 왜 이 도구를 보급하고자 하는 것일까? 게다가 일부러 손으로 그리며 시간과 수고를 들이는 워크숍 형식으로.

그 이유는 기존의 '프로덕트 아웃'이라는 발상과 마케팅 접근법으로는 끊임없이 변화하는 소비자들의 구매 행동에 대응하기 어려워졌기 때문이다.

필자가 인터뷰한 예식장을 운영하는 기업에서는 잠재적인 고객의 문의를 유도하기 위해, 디지털 마케팅의 기본인 SEO(검색 엔진 최적화)를 강화하고자 다양한 검색 키워드에 투자했다. 그런데 고객 여정 지도를 개발해서 실제 고객의 목소리와 비교해 보니 대부분의 고객은 키워드 검색이 아니라 이미지 검색으로 예식장을 찾아내고 비교한다는 사실이 밝혀졌다.

또 한 가지 예를 들어 보겠다. 10대 여성이 주요 타깃인 한 의류 브랜드는 매장 직원들이 인스타그램을 통해 코디를 제안했다. 물론 인스타그램을 본 손님들이 매장이나 온라인 쇼핑몰을 방문해서 제품을 구매할 것을 기대했기 때문이다.

그러나 고객 여정 지도를 만들어 실제 고객의 행동과 비교해 보자, 사실 구매에 이르기까지는 또 하나의 중요한 과정이 있음이 드러났다. 10대 여성들은 마음에 드는 옷을 인스타그램에서 발견하면 상품 정보를 검색하기 전에 우선 '나와 비슷한 다른 여자아이가 그 옷을 어떻게 소화했는지' 인스타그램에서 검색했던 것이다. 이렇게 해서 사이즈와 실제 색이 어떤지, 다른 아이템과 어떻게 조합할 수 있을지 본다. 그리고 '내게 어울릴 것 같다'라는 인상을 받으면 비로소 매장이나 온라인 쇼핑몰로 향한다. 다시 말해 SNS를 사용하는 일반 고객이 그 브랜드의 옷을 얼마나 멋지게 소화하느냐가 구매 동기에 큰 영향을 주는 것이다.

이처럼 소비자들은 기업이 생각했던 고객 행동과는 크게 다른 행동을 계속 취한다. 기업은 소비자를 따라잡을 수 있을까? 필자가 느끼는 위기감을 수많은 비즈니스 종사자들도 느끼고 있을 것이다. 또 기업 조직은 마케팅, 영업, 고객 지원, 크리에이티브, 개발 등으로 나뉘어 있다. 서로 연계해서 고객에게 서비스를 제공해야 하는 이 부서들은 고객에 대한 올바른 인식을 공유하고 있을까?

스마트폰의 보급과 정보 접촉의 변화로 기업은 고객에 관한 다양한 데이터를 보유하게 되었다. 그러나 고객의 행동과 접점, 감정을 정확히 알아내고 일관된 관점에서 대응책을 생각하는 접근법을 취하지 않으면 고객의 실제 행동과 그 배경에 있는 의도를 발견할 수 없다.

워크숍이라는 장을 마련해서 동료들과 함께 손을 움직이며 고객에 대해 생각해서 고객 여정 지도를 개발한다. 이러한 행위에서 발견할 수 있는 요소는 매우 많다. 그것이야말로 현대 비즈니스에서 부족한 부분, 그리고 가장 필요한 부분이라고 생각한다.

'As Is(현재 상태)'와 'To Be(바람직한 모습)'

비즈니스나 마케팅의 상태를 분석할 때 'As Is(현재 상태)'를 올바르게 분석하고 파악해서 'To Be(바람직한 모습)'와의 격차를 찾아내고, 후자에 어떻게 접근할지 생각하는 방법이 있다.

이 책에서 설명할 고객 여정에서도 마찬가지로 'As Is'와 'To Be'를 설정하고 그 차이를 메워 나간다. **고객의 시작 지점의 상태가 'As Is'**에 해당하고 목표 지점의 상태가 'To Be'다.

가령 자신이 바쁜 워킹맘이고 스마트폰을 손에서 놓을 수 없는 생활을 하고 있다고 생각해 보자. 그렇다면 집세를 내거나 보험을 계약하는 등의 일을 전부 스마트폰으로 해결하고 싶을 것이다. 이것이 'To Be'이다. 그런데 'As Is'는 번잡한 서류 작성과 우편 배송이 필요하다면……? 아마 긍정적인 감정에서 부정적인 감정으로 변화할 것이다. 이러한 지점을 발견했다면 성공한 것이다.

페르소나가 원활하게 '바람직한 상태'에 다다르기 위한 가교가 없다면 그곳이 대응책을 마련할 기회 또는 지점이 된다. 이 경우에는 '회사 사이트를 모바일에 최적화한다' '절차를 더 간소화한다'라는 대응을 생각할 수 있다.

고객 여정 지도의 뚜렷한 틀을 활용함으로써 고객의 시점에서 'To Be(바람직한 모습)'를 추구할 수 있는 것이다.

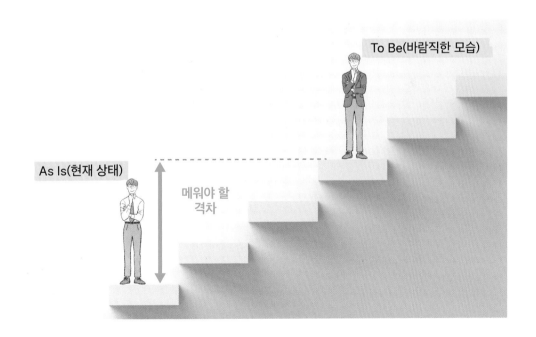

페르소나의 제작 방법과 대표성

페르소나 제작하기

고객 여정 지도에는 주인공이 있다. 이 주인공을 '페르소나'라고 한다.

페르소나를 생각할 때는 **'그 제품·서비스를 구매·이용해 주기를 가장 바라는 주요 타깃'을 떠올린다.** 이 경우 두 가지 방법이 있다. 하나는 이미 자사의 충성도 높은 고객상이 명확하다면 그 고객상을 정리하는 방법이다. 다른 하나는 주요 고객과는 다른 속성을 지닌 사람들을 대상으로 비즈니스를 확장하고자 할 때의 접근법으로, 새로운 타깃층의 속성을 추출해 나가는 방법이다. 회사가 놓인 상황에 따라 선택하면 된다.

친숙한 예를 들어 페르소나의 설정 방법을 살펴보겠다. 지금까지 함께 일해 온 상사와 동료가 있다고 하자. 함께 일하고 싶은 상사 또는 동료에게 공통되는 특징은 무엇일까? 가령 실패했을 때도 노력을 인정해 주는 사람, 어려움이 있을 때 지원해 주는 사람, 불평하지 않는 사람 등 몇 가지 공통점이 떠오를 것이다.

실제 상사와 동료는 한 명 한 명 저마다 다른 개인이므로 하나로 묶어서 취급할 수 없는 존재지만, '난관에 긍정적인 자세로 대응한다.'와 같은 특성이 있을 것이다. **이처럼 고객 여정 지도의 주인공이 될 고객도 공통점을 찾아내고 언어로 표현해서 추출하는 것이다.**

이 예를 실제 페르소나의 설정에 대입하면 4단계의 과정이 된다.

1. 정보를 수집한다	구매 이력, 제품 이용 현황, 고객 인터뷰, 영업 담당자의 의견, 외부 정량조사 데이터 등을 활용한다. 소비자 행동 분석 서비스를 이용하면 '30대, 남성 회원, 기혼'과 같은 속성, 이용하는 웹사이트 등 실태에 가까운 페르소나 정보를 얻을 수 있다.
2. 공통점을 찾는다	성별, 연령대, 직업, 연 수입 등의 '기본 속성,' 취미, 소비 성향, 이용하는 미디어나 앱 등의 '행동 속성'을 전부 명확히 밝혀내고, 행동의 동기에 공통되는 특징을 찾아내서 분류한다. 이 공통점을 찾아내는 방식에 따라 그 페르소나가 특정 세그먼트를 대표할 수 있느냐가 결정된다.
3. 언어로 표현해 인물상을 설정한다	이 책이 제공하는 '페르소나 시트'를 사용해 정보를 정리한다. 이력서와 비슷한 스타일로 알기 쉽게 인물상을 정리할 수 있다.
4. 확인한다	설정한 페르소나와 실제 고객 행동을 비교하며 격차를 검증한다. 페르소나가 현실과 크게 다르면 지도의 효과가 약해지기 때문이다.

▶ 페르소나의 설정 과정

1. 대상자의 정보를 수집한다.
2. 공통점을 찾는다.
3. 언어로 표현해 대표적인 인물상을 완성한다.
4. 페르소나가 제 기능을 할지 확인한다.

이 책에서 소개하는 워크숍에서는 처음의 세 과정을 동시에 실시할 것이다. 여기에 네 번째 과정도 추가해서 사전에 정확도 높은 페르소나를 설정할 수 있다.

페르소나를 생각할 때 주의할 점

구체적으로 페르소나를 생각할 때 주의할 점이 있다. 바로 페르소나란 '한 인물의 특징을 상세히 기술하는 것이 아니다'라는 점이다.

예를 들어 남성용 정장 브랜드라면 타깃으로 삼는 비즈니스맨의 연령대, 라이프스타일, 연수입, 취미와 취향 등 다양한 기준으로 집단을 나누고(세그멘테이션segmentation) 그 집단(세그먼트segment)에 적합하도록 상품을 기획하고 디자인할 것이다.

세그먼트에 고객이 1,000명 포함될 경우, 그 속의 한 남성을 집어내서 특징을 상세히 알아보는 것이 아니라 그 브랜드의 옷을 구입할 듯한 대표적인 남성 비즈니스맨들에게 공통되는 특징을 망라한 인물상을 생각하는 것이다. 페르소나는 인물 한 명의 모습으로 정리하는 것이지만, **그 인물의 모습은 그 인물이 속하는 세그먼트에 공통되는 속성을 갖추어야 하며, 그렇기에 '대표성'을 띤다**고 할 수 있다.

이것이 이 책에서 생각하는 페르소나다. 페르소나가 그 세그먼트를 대표하는 인물상이기에, 페르소나의 행동을 그려냄으로써 고객 여정 지도의 내용도 검토할 가치가 창출되는 것이다.

페르소나를 설정할 때는 타깃층을 대표하는 인물의 특징을 확실히 갖추었는지 확인하자.

다음 항목에서는 페르소나가 활약할 무대가 되는 고객 여정 지도의 전체적인 모습을 소개하겠다.

고객 여정 지도의 전체 모습

입력 정보

1단계
회사명과 부서명
제품 또는 서비스의 이름
시작점과 도착점(여정이 시작할 때와 끝날 때 고객의 상태)
기간(여정의 기간)
2단계
페르소나(메인 타깃의 인물상)

출력 정보

3단계
고객 행동(구매 전의 검색, 상품 비교, 매장에서의 검토 등 구체적으로 고객이 취하는 행동)
4단계
단계(고객의 행동을 단계별로 나눠 흐름을 파악)
5단계
고객 접점(스마트폰 앱, 광고, 이벤트, 매장 등 고객이 활용하는 접점)

STEP 1

주식회사 ABC 의류 종합마케팅본부

제품·서비스
젊은 여성 대상 캐주얼 패션 브랜드 'A'

시작점
브랜드는 알지만 구매 경험 없음

도착점
옷을 구매하고 다른 브랜드와 만남

기간
2주

STEP 2

[페르소나 시트]

도쿄에서 일함
사회인 1년 차 여성
요코하마 거주
부모와 함께 생활

취미: 스마트폰 게임,
　　　SNS에 정보 올리기
소비 성향: 견실한 소비
정보 접점: 인스타그램, 트위터, 유튜브

시작

기간: 2주

국면	만남!	정보 찾기	검토
고객 행동	마음에 드는 옷을 SNS에서 발견	SNS에서 남들이 어떻게 소화했는지 확인 / 온라인 쇼핑몰에서 재고 확인	매장 위치 찾기
고객 접점	📱	💬	📍 / 🔍
감정 변화	☺ 이 옷 예쁘다	◡ 재고 있을까	◡ 퇴근길에 긴자점에 가보자
대응책	SNS 게시물을 늘린다	매장과 온라인 쇼핑몰 재고 검색을 가능하게	

22

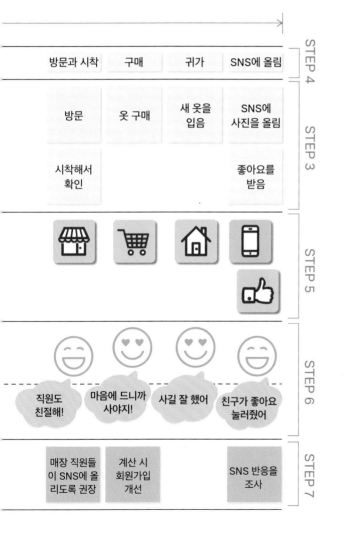

6단계
감정 변화('설렜다' '○○가 안 돼서 실망했다' 등 고객 심리의 기복)

7단계
대응책(고객의 부정적인 감정을 긍정적으로 바꾸기 위한 방법, 부족한 접점을 새로 만드는 아이디어 등)

8단계
와일드카드를 사용해 시점을 바꿔 아이디어를 추가

STEP 4	방문과 시착	구매	귀가	SNS에 올림
STEP 3	방문 / 시착해서 확인	옷 구매	새 옷을 입음	SNS에 사진을 올림 / 좋아요를 받음
STEP 6	직원도 친절해!	마음에 드니까 사야지!	사길 잘 했어	친구가 좋아요 눌러줬어
STEP 7	매장 직원들이 SNS에 올리도록 권장	계산 시 회원가입 개선		SNS 반응을 조사

고객 여정 지도의 구조는 단순하다. 전체를 '입력'과 '출력'으로 나누면 다음과 같다.

입력 정보

지도 개발의 전제가 되는 정보를 왼쪽에 정리한다. 자사의 어떤 제품 또는 서비스인가? 고객은 어떤 사람이며, 여정은 어디서부터 어디까지 담을 것인가? 이러한 정보를 입력한다. 이렇게 하면 지도의 목적이 확실해지고 대상 범위가 명확해진다.

출력 정보

입력 정보를 바탕으로 고객 여정 지도를 그려 나간다. 이 지도는 다섯 계층으로 나뉘며, 왼쪽에서 오른쪽으로 시간이 흐른다.

참가자들이 지시를 따라 의견을 교환하며 이런 내용을 정리하면 고객 여정 지도가 완성된다. 이 책에서는 그 과정을 8단계로 나누어 설명하겠다.

STEP 8

이 사업으로 세계에 진출하려면?

파리에 플래그십 스토어를 연다

고객 여정 지도 개발의 8단계

앞에서 고객 여정 지도의 구조를 설명했다. 다음으로는 지도를 개발하는 8단계 과정을 간단히 살펴보겠다.

아래의 표가 이 책에서 설명할 고객 여정 지도를 개발하기 위한 8단계다. 각 단계 자체도 '입력'과 '출력'으로 나뉜다. 단계의 순서는 회사의 비즈니스가 B2C와 B2B 중 무엇이냐에 따라 약간 달라지지만 기본적인 흐름은 똑같다.

1단계와 2단계에서는 주제와 페르소나를 입력하고, 3단계부터는 그 내용을 이용해 지도를 만들기 시작한다. 행동, 접점, 감정을 자세히 규명하고 국면을 나눈다. 마지막 두 단계에서는

지도 선제를 검토하고 대응책을 생각하며 새로운 아이디어를 추가한다.

3단계부터 6단계까지의 네 단계에서는 '고객의 시점'에서 지도를 개발한다. 고객의 시점에서 생각하는 단계에서는 자사에 불리한 부분도 있는 그대로 밝힘으로써 현실적인 지도를 만들어나간다.

이어지는 7단계와 8단계에서는 '기업의 시점'으로 돌아가 대응책을 생각한다. 그리고 예산과 조직의 제약을 벗어나 자유롭게 발상하는 과정을 거쳐 모든 단계가 완료된다.

입력	1단계	주제를 정한다	지도에서 다룰 제품 또는 서비스, 여정의 시작점과 도착점, 기간을 설정한다.
	2단계	페르소나를 제작한다	대상 고객의 모습을 명확히 한다.
출력/고객 시점	3단계	행동을 구체적으로 찾아낸다	고객이 여정의 시작점에서 도착점까지 어떤 행동을 취할지 모두 명확히 찾아낸다.
	4단계	행동을 국면으로 나눈다	명확히 찾아낸 다양한 행동을 분류해서 범주를 만든다
	5단계	고객 접점을 명확히 한다	고객이 이용하는 매장이나 앱, 웹사이트 등의 접점을 자세히 밝힌다
	6단계	감정의 기복을 상상한다	'기쁘다' '난처하다' '좋다' 등 고객의 기분 변화를 파악한다.
출력/기업 시점	7단계	대응책을 생각한다	지도의 전체 모습을 보고 과제와 개선이 가능한 부분을 검토한다.
	8단계	시점을 바꾸어 아이디어를 추가한다	고객 여정 전체를 다른 각도에서 다시 바라보고 새로운 아이디어를 찾아낸다.

▶ 고객 여정 개발의 8단계

B2C와 B2B 비즈니스의 차이

비즈니스에 종사하는 사람이라면 'B2C(BtoC)' 와 'B2B(BtoB)'라는 말을 들어 봤을 것이다. 일반적으로 B2C는 'Business to Consumer', 개인 소비자를 대상으로 한 비즈니스를 가리키고 B2B는 'Business to Business', 법인을 대상으로 한 비즈니스를 뜻한다. 이 책의 3장에서는 B2C, 4장에서는 B2B 고객 여정 지도의 작성법을 소개할 것이다. 이 두 가지를 나누어 설명하는 이유는 **구매의 의사결정 과정이 다르기 때문**이다.

대기업이 수억 원, 수십억 원 단위의 투자를 할 때는 거기에 걸맞은 절차를 거쳐 의사결정을 내린다. 기안자가 서류를 작성하고 관리직의 여러 사람이 품의서에 도장을 찍은 후 최종적으로 결재자의 승인을 받아야 비로소 '구매'가 가능한 것이다. 그렇기에 B2B의 페르소나는 **'기업'과 '개인'**이라는 두 가지를 설정한다.

또 일정 금액 이상의 제품 또는 서비스일 경우, 영업 담당자가 판매자와 구매자의 접점으로서 존재한다. 여러 사람이 관여하고 논리적인 검토와 장기간의 의사결정 과정을 거치는 것이 B2B 비즈니스의 특징이다.

반면 주말에 어느 식당에 갈지 정할 때 가족에게 품의서를 돌리는 사람은 없을 것이다. B2C 비즈니스의 구매 의사결정은 다분히 취향과 기분에 좌우된다. 충동구매가 가장 좋은 예일 것이다. 다만 B2C 비즈니스라도 보험/금융, 부동산, 자동차 등은 신중한 의사결정을 거치는, B2B에 가까운 성질이 있는 상품이라고 할 수 있다.

B2C		B2B
비교적 짧은 경우가 많음	기간	몇 달~몇 년에 달하는 경우도 있음
개인 한 명	페르소나	기업 페르소나와 개인 페르소나
페르소나 한 명의 행동으로 완결되는 경우가 많음	행동	상사에 대한 제안과 부서 내 논의라는 타자의 개입이 발생
온라인과 오프라인 모두 다양한 접점을 복잡하게 오감	접점	비교적 제한된 접점. 논의 시작 후에는 '영업 담당자'의 존재가 큼

▶ B2C와 B2B 비즈니스의 차이

고객 여정 지도가 중요한 다섯 가지 이유

신속한 가설 수립을 위한 지도

고객 여정 지도 개발은 고객에 대한 가설을 신속히 수립하는 방법이라고 할 수 있다. 그것이 가능한 이유는 '2주' '3개월' 등으로 기간을 설정하기 때문이다. 현실에서는 명확한 시작도 없고 끝도 없는 고객의 여정을 일정 기간으로 잘라냄으로써, 고객의 행동과 감정 및 심리의 일부를 자세히 밝혀내고 분석과 논의를 위해 테이블에 올릴 수 있다. 이렇게 잘라내는 방법을 이 책에서는 '스코프scope'라고 부르겠다.

여정의 '스코프'

가령 시작점을 '자사의 고객이 되기 전', 도착점을 '반복해서 제품 또는 서비스를 이용하는 충성도 높은 고객 되기'로 정의한 경우, 몇 년에

걸친 여정을 그려내게 된다. 반대로 '1일' '1시간'이라는 짧은 지도도 가능하다. 더 구체적으로 '포인트 적립 이벤트에 응모해서 회원 등록을 하기까지'의 여정 등 다양한 관점에서 지도를 개발할 수 있다.

다시 말해 고객 여정 지도는 **고객의 여행길 중 어디에 '돋보기(스코프)'를 들이대느냐**에 따라 달라진다.

아래의 그림은 브랜드와 만나 첫 상품을 구매하고 두 번째 구매에 다다르기까지 '3개월'간의 여정을 그린 후, 첫 구매까지의 '1개월'의 여정을 잘라낸 것이다. 스코프를 통해 부분을 보면 더 상세한 고객 행동을 관찰할 수 있다.

이 책의 목적은 장대한 지도를 그리는 것이 아니다. 지도를 만드는 일을 통해 기업의 발상을 '고객의 시점으로 바꾸는' 과정이 곧 목적이 될 것이다.

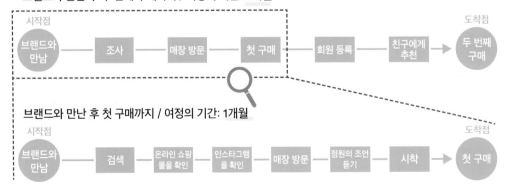

▶ 여정의 스코프는 자유롭게 설정할 수 있다

고객의 시점에서 생각하려 해도 처음에는 잘 안 되는 법이다. 그래도 몇 번의 워크숍을 경험하며 참가자들은 '고객은 이렇게 바라볼지도 모른다'라는 점을 깨닫기 시작한다. 그런 관점에 익숙해지면 짧은 기간 동안 고객의 시점에서 가설을 수립하고 생각하는 능력을 기를 수 있다.

고객 여정 지도가 중요한 다섯 가지 이유

독자 여러분은 이제 슬슬 워크숍의 진행 방법으로 넘어가고 싶을지 모른다. 마지막으로 다시 한 번 고객 여정 지도가 중요한 이유를 정리하겠다.

고객 여정 지도가 중요한 다섯 가지 이유

1. 고객이 기업에 기대하는 것이 달라졌다

고객은 기업에 '특별한 개인'으로 대우받고, 어떤 접점에서든 일관성 있는 경험을 얻기를 기대한다. 이 변화에 대응하기 위한 가설을 신속히 수립할 수 있다.

2. 비용을 들이지 않고 변화에 곧바로 대응할 수 있다

이 책에서 소개할 고객 여정 지도와 워크숍은 화이트보드, 큰 종이, 포스트잇, 펜이 있으면 곧바로 착수할 수 있다. 거창한 시스템을 도입해 비용과 시간을 들이지 않아도 고객의 기대에 응답할 단서를 찾을 수 있는 것이다.

3. 고객을 이해하는 자세가 몸에 밴다

지도를 개발하는 과정에서 다양한 접점에 걸친 고객의 행동과 감정에 대해 상상력을 발휘할 수 있다. 이렇게 해서 팀과 부서 전체가 고객을 이해하는 자세를 기를 수 있다.

4. 사내의 공통 언어가 생겨난다

대부분의 기업 조직은 마케팅, 영업, 고객센터 등의 분업 체제를 갖추고 있다. 고객 여정 지도의 개발을 통해 고객의 행동과 감정을 가시화할 수 있으므로 부서가 달라도 고객의 이해를 중심축으로 삼은 사내 공통 언어가 생겨난다.

5. 고객의 시점에서 대응책을 고안할 수 있다

고객 여정 속에서 고객의 행동이 원활하게 진행되지 않는 부분, 감정이 급격히 부정적으로 변하는 부분을 발견해 새로운 고객 경험과 대응책을 고안할 수 있다.

스코프를 정하는 사람은 자기 자신이다

지금까지 고객 여정 지도를 개발하는 데 필요한 기초 지식을 소개했다. 중요한 개념을 복습하자면, 지도 개발의 기본은 시작점과 도착점의 결정이다. 이 책에서 설명할 워크숍은 돋보기를 손에 들고 그 돋보기를 어느 부분에 댈지 결정하는 데에서 시작되는, 단순하고 유연성 넘치는 과정이다.

고객 여정의 어디에 돋보기를 댈지, 스코프를 정하는 사람은 자기 자신이다. 돋보기는 대상에 가까이 가져다 댈 수도 있고 먼 곳에 댈 수도 있다. 지도를 줌인, 줌아웃하듯 좁은 범위를 확대한 여정, 폭넓게 내려다보는 여정을 만들 수 있는 것이다.

고객 여정이라고 하면 어렵게 생각하는 사람도 많지만 UX(User Experience)나 CX(Customer Experience) 등의 용어를 일단 내려놓고 다 함께 지도부터 만들어 보자. 몇 번 워크숍을 하다 보면 이 돋보기를 자유자재로 사용하며 수많은 깨달음을 얻을 수 있다.

CHAPTER

2

워크숍을 성공으로
이끌기 위해

고객 여정 지도 워크숍에 필요한 세 가지

워크숍의 성패는
사전 준비에 달려있다

1장에서는 고객 여정 지도의 효과와 그 배경에 있는 소비자 행동의 변화를 설명했다. 이제 드디어, 실제로 고객 여정 지도를 만드는 순서를 설명하겠다.

이 책은 그룹을 이루어 고객 여정 지도를 만드는 **워크숍**이라는 형식을 전제로 한다. 워크숍을 성공으로 이끌기 위해서는 다음과 같이 5W1H를 내포하는 세 가지 요소가 필수다.

① 올바른 사전 준비(Why/What/Who)
② 올바른 환경 설정(When/Where)
③ 올바른 퍼실리테이션(How)

하나씩 살펴보자.

올바른 사전 준비 1
목적 설정
(Why = 왜 하는가)

워크숍에서는 여러 참가자가 협력해 과제에 임한다. 마케팅뿐만이 아니라 두 명 이상의 사람이 한 가지 일을 수행할 때 반드시 필요한 것이 바로 **목적의 설정과 공유**다.

'왜 고객 여정 지도를 만들어야 하는가' '왜

워크숍 형식인가' '왜 이 멤버들이 모여야 하는가' '왜 2시간 넘게 걸리는가' 등, 앞으로 자신의 직장에서 고객 여정 지도 워크숍을 실시하고자 한다면 수많은 '왜?'에 직면할 것이다. 직속 상사를 설득하는 일부터 시작해야 하는 경우도 있을 것이다. 그럴 때 강력한 지원군이 되는 것이 누구나 수긍하는 **올바른 목적 설정**이다.

고객 여정 지도가 왜 필요한지, 고객 여정 지도를 만들면 조직과 고객에 어떤 이점이 있는지, 1장을 참고해서 주변 사람들에게 이야기한다. 이때 워크숍의 성과를 사내에 공유하겠다는 이야기도 함께 해서, **그 후의 행동에 반영하기 위한 작업임**을 이해시키는 것이 중요하다.

올바른 사전 준비 2
주제 설정
(What = 무엇을 주제로 삼는가)

워크숍을 실시하는 목적을 정하고 나면 구체적으로 어느 고객 세그먼트와 어느 상품을 대상으로 할지 생각한다.

'요즘 매출이 제자리걸음인 상품 A를 기존과 완전히 다른 신규 고객층이 사용하도록 하기 위해서는?'

'해약률이 좀처럼 줄어들지 않는 정기 구매 상품 B의 고객 충성도를 높이기 위해서는?'

자사의 비즈니스가 직면한 이러한 과제와 고

객을 한 세트로 생각하며 몇 가지 주제를 도출해 보자.

고객 세그먼트와 페르소나의 구체적인 설정 방법은 3장과 4장에서 설명하겠다. 이 단계에서는 우선 주위 사람들의 의견을 듣고, 후보로 삼을 만한 주제를 몇 가지 찾아내면 충분하다.

올바른 사전 준비 3
참가 멤버 설정 (Who = 누가 하는가)

올바른 목적과 주제를 설정하고, 왜 고객 여정 지도 워크숍을 실시하는지(What & Why) 공유하고 나면, 그 목적을 달성하기 위해 누가(Who) 워크숍에 참가해야 할지 자연스럽게 보이게 될 것이다.

목적이 구체적일수록 참가자도 정하기 쉬워진다. 한 번의 워크숍에서 지도 한 장을 개발하는 데에 참가하는 인원수는 2~4명 정도가 바람직하다. 그보다 많을 경우에는 팀을 나누는 쪽이 논의가 더 활발해지는 경우가 많다.

멤버 선정에서 중요한 점은 부문, 연령대, 성별 등 참가자의 속성을 다양화하는 일이다. 마케팅, 개발, 영업, 고객지원 등 한 프로젝트에 관여하는 서로 다른 부서의 사람들을 참가시키기도 하고, 상사와 부하 직원, 베테랑과 신입사원 등 서로 다른 입장의 사람들을 조합하기도 한다. 다양한 경험, 견지, 관점을 추가함으로써 각 멤버가 각자 새로운 깨달음을 얻을 수 있을 것이다.

한편 '우선 사내에서 고객 여정 지도 자체에 대한 이해를 전파하는 일이 중요'한 경우라면, 각 부서에 "참가하고 싶은 분은 손을 드세요."라고 말해서 모인 멤버들이 먼저 체험하는 것도 좋을 것이다.

워크숍을 성공으로 이끄는 데 필요한 세 가지

①올바른 사전 준비(Why/What/Who)
②올바른 환경 설정(When/Where)
③올바른 퍼실리테이션(How)

▶ '올바른 사전 준비'를 이해했다면 '올바른 환경 설정' '올바른 퍼실리테이션'으로 나아가자

환경 설정을 얕보지 말라

퍼포먼스를 좌우하는 '환경 설정'

고객 여정 지도 워크숍을 성공으로 이끄는 데에 필요한 두 번째 요소는 시간과 장소를 포함한 **올바른 환경 설정**이다. 가장 기본적인 부분인데, 처음 참가하는 사람이 많을 경우 환경 설정을 소홀히 하면 워크숍 전체가 장황하게 늘어져서 실패하고 만다.

사람은 적당한 긴장감이 있는 한편으로 주변의 비판이나 동조 압력을 걱정하지 않아도 되는 상황에서 최적의 퍼포먼스를 보여준다.

올바른 환경 설정이란 그저 시간이나 장소를 설정하는 일이 아니라, 정해진 시간 내에 참가자들이 **최대한의 퍼포먼스를 발휘할 수 있는 토대를 만드는 일**이다.

워크숍을 실시할 환경에 필요한 것

1. 충분히 넓고 차분히 논의할 수 있는 방
2. 지도를 만들 공간(화이트보드, 또는 세로 60cm 이상 × 가로 150cm 이상인 책상)
3. 지도를 그릴 종이(화이트보드, 또는 A3용지 6장을 가로 3장 × 세로 2장 연결한 정도의 큰 종이)
4. 타이머(스마트폰의 타이머 기능으로 대체 가능)
5. 매직펜, 펜(색은 검은색, 글씨가 잘 보이도록 굵은 펜을 권장)
6. 접점 카드와 감정 카드
7. 페르소나 시트
8. 포스트잇 ① 정사각형 75mm × 75mm(여러 가지 색)
9. 포스트잇 ② 직사각형 75mm × 25mm
10. 포스트잇 ③ 작은 정사각형 50mm × 50mm
11. 포스트잇 ④ 말풍선 모양(75mm × 25mm 직사각형 포스트잇으로 대체 가능)

※포스트잇은 위의 종류를 모두 갖추는 것이 이상적이다. 인원수에 따라 필요한 만큼 준비하자.

있으면 좋은 것

12. 편안한 음악(작업용 배경음악)
13. 다과(물, 커피, 손에 묻지 않는 과자 등)

올바른 환경 설정 1

개최 시기의 설정(When)

워크숍을 실시할 때 걸림돌 중 하나가 **참가자를 한자리에 모으는 일**이다. 바쁜 회사원들을 모아 오랜 시간 붙잡아 두는 일은 쉽지 않다. 그러나 시간이 없다는 이유로 워크숍을 30분이나 1시간으로 설정하면 설명만 하고 끝나 버리게 된다. 참가자들은 '결국 뭘 하려던 거야?'라는 느낌을 받을 것이다. 그렇게 되면 다음번에 다시 워크숍을 실시하려 해도 별로 적극적으로 참가하지 않게 된다.

이 책에서 설명하는 워크숍은 실제로 지도를 만드는 과정의 앞뒤 설명을 포함해서 **2시간 반** 정도가 걸리도록 설계되었다. 근무 시간 중에 실시하기에는 길게 느껴질 수도 있지만, 앞에서 소개한 '올바른 사전 준비'를 참고해 참가자들의 집중을 이끌어내자. 타이밍도 중요하다. 연말 등 많은 사람들이 바쁜 시기는 피한다.

중간부터 참가하거나, 중간에 빠지거나, 워크숍 중에 노트북을 펴고 다른 일을 하는 등의 행동도 금지다. 워크숍은 정해진 시간 내에 과정을 하나씩 축적하는 작업이므로, 흐름을 방해하는 사람이 없도록 협조를 구한다.

참가자 전원의 집중, 이것이 성공의 첫째 조건이다. 참가자들이 똑바로 앉아서 '좋아, 오늘은 2시간 반을 여기에 투자해서 확실한 결과를 얻자'라는 적당한 긴장감을 가지고 워크숍에 임한다면 첫 관문은 돌파한 것이다.

올바른 환경 설정 2

개최 장소의 설정(Where)

쾌적한 작업 공간을 준비하는 일도 워크숍의 성공에 매우 중요하다. 바람직한 환경의 요건을 앞 페이지에 목록으로 만들었다. 이 모든 요건이 갖춰지지 않으면 워크숍이 불가능하다는 뜻은 아니므로 안심해도 좋다. 돈을 들일 필요 없이 회사에 있는 물품을 잘 활용하자. 워크숍의 필수품인 포스트잇에 대해서는 2장 끝부분의 칼럼을 참고한다.

▶ 화이트보드가 있고 여러 명이 편안하게 작업할 수 있는 방이 이상적이다.

▶ 포스트잇을 많이 사용하게 된다. 펜은 조금 떨어져서 지도를 볼 때 글씨가 잘 보이도록 굵은 것을 권장한다.

퍼실리테이션을 정복하는 자가
워크숍을 정복한다

퍼실리테이션이란 무엇인가

고객 여정 지도 워크숍을 성공으로 이끄는 데에 마지막으로 필요한 요소는 올바른 퍼실리테이션(How)이다.

퍼실리테이션Facilitation이란 '무언가를 손쉽게 만드는 일'이라는 뜻으로, 비즈니스에서는 회의나 프로젝트 등이 원활하게 진행되도록 지원하는 일을 가리킨다. 이 책에서는 워크숍의 기획과 준비, 당일의 진행 등을 담당하는 사람을 '퍼실리테이터Facilitator'라고 부를 것이다.

퍼실리테이터는 반드시 그 워크숍의 주제에 정통한 전문가가 아니어도 괜찮고, 사업 책임자나 관리직일 필요도 없다. 고객 여정 지도에 관심을 가지고 이 책을 선택한 독자 여러분은 이미 퍼실리테이터의 자격을 충분히 갖추고 있다.

이 책에서는 필자가 1,000곳 이상의 회사에서 워크숍을 개최하며 발견한 퍼실리테이션의 중요한 요소를 여러 가지 소개할 것이다. 너무 어렵게 생각할 것 없이 우선 해 보자. 퍼실리테이션의 핵심을 알면 누구나 알찬 워크숍을 즐겁게 개최할 수 있다.

퍼실리테이터의 세 가지 역할

퍼실리테이터에게는 워크숍의 실시 전, 실시 중, 실시 후에 수행할 세 가지 역할이 있다. 그 역할을 알기 쉽게 정리한 것이 아래의 그림이다. 그

퍼실리테이터의 세 가지 역할

실시 전

· 워크숍의 기획
· 참가자의 모집
· 일시, 장소, 비품 등의 확보

실시 중

· 워크숍의 취지를 설명
· 진행의 관리
· 활발한 논의를 위한 퍼실리테이션

실시 후

· 완성된 지도의 보관과 공유
· 아이디어와 대응책의 정리 및 공유
· 구체적인 행동으로 연결하고, 필요에 따라 후속 조치
· 성과의 모니터링과 공유

중 '실시 전'의 역할은 앞에서 이미 설명했다. 이제부터 주로 '실시 중'과 '실시 후'의 역할을 설명하겠다.

퍼실리테이터의 본분은 '분위기 조성'

퍼실리테이션이라고 하면 스스로 발언하며 논의를 이끌어 나가는 것이라고 생각하는 사람도 있을지 모르지만 조금 다르다. 좋은 퍼실리테이터는 '눈에 띄지 않는' 퍼실리테이터다. 워크숍 중 퍼실리테이터의 역할은 논의의 주도가 아니라 참가자들이 즐겁게 워크숍에 임할 수 있는 **분위기의 조성**이다. 논의의 맨 앞에서 달리는 1등 주자가 아니라 참가자들의 곁에서 달리는 **동반 주자**라고 해도 좋을 것이다.

중요한 것은 '멤버 중 누군가가 의견을 말하기 어려운 상황을 만들지 않기' '말이 많은 사람, 목소리가 큰 사람만 발언하는 상황을 만들지 않기' 같은 배려다. 회사에 들어온 지 오래되지 않은 사람이 아이디어를 냈을 때, 설령 그 의견이 변변찮다고 해도 '말하지 말걸……' 이라고 위축되지 않도록 분위기 조성에 신경을 쓰자.

'나는 못 할 것 같은데'라고 생각하지 않아도 된다. 말 한마디로도 워크숍의 분위기는 달라진다. 그리고 이것은 결코 어려운 일이 아니다.

예를 들어 워크숍을 개최하기 전에 "여기서는 모두 평등하게 발언하고, 서로 귀를 기울입시다."라고 선언하는 것이다. 또는 팀이 여러 개일 때 "다른 팀이 발표한 뒤에는 박수를 보낸 후 다음 팀으로 넘어갑니다."라고 정한다. 이것만으로도 의식이 달라진다. 이런 팁이 많으니 이 책에서 아낌없이 공개하겠다.

▶ 참가한 사람들이 평등하게 발언할 수 있도록 처음에 간단한 규칙을 전달하는 일이 중요하다.

진행은 시간표로 관리한다

퍼실리테이터는 참가자들과 함께 달리면서 시간 내에 최대한의 결과를 낼 수 있도록 워크숍을 진행해야 한다. 그러기 위해서는 반드시 사전에 진행 시간표를 작성하고 진행 중에 시간 관리를 해야 한다.

필자가 이제까지 워크숍을 개최하면서 쌓은 경험을 통해 아래와 같은 시간표를 추천한다. 시작해서 끝날 때까지 2시간 반이 걸린다는 설정인데, 8단계를 각각 10~15분에 완료하는 진행은 매우 빠르게 느껴질 것이다. 워크숍이 익숙해지고 나면 각 단계의 시간 배분은 이 시간표를 참고해서 적절히 조절해 보자.

진행 시간표의 예(B2C의 경우)

	소요 시간	합계 시간
워크숍 개최에 대한 인사와 취지 설명	10	10
1단계 - 주제를 정한다	10	20
2단계 - 페르소나를 제작한다	15	35
3단계 - 행동을 구체적으로 찾아낸다	15	50
4단계 - 행동을 단계로 나눈다	10	60
5단계 - 고객 접점을 명확히 한다◈	15	75
6단계 - 감정의 기복을 상상한다◈	15	90
7단계 - 대응책을 생각한다	15	105
8단계 - 시점을 바꾸어 아이디어를 추가한다	15	120
지도를 완성한 후의 행동을 추가한다	10	130
완성한 고객 여정 지도를 돌아보고 정리	10	140
고객 여정 지도의 촬영	5	145
마무리 인사와 정리	5	150

◈ B2B의 경우는 5단계와 6단계가 이 예시와 다르다.

▶ 이 시간 배분은 하나의 기준이다. 중점을 두고 싶은 단계가 있으면 시간을 길게 배분한다.

퍼실리테이터의 마음가짐

원활한 진행의 포인트

이 항목에서는 필자가 지금까지 발견한 퍼실리테이션의 포인트 중에서도 특히 중요한 네 가지를 소개하겠다. 이 부분들을 의식하기만 해도 워크숍을 훨씬 원활히 진행할 수 있다.

포인트 ①
참가자들을 한 가지 일에 집중시킨다

이 책에서 설명할 고객 여정 지도 워크숍은 8단계로 구성되어 있다. 각 단계는 '설명'과 '작업'으로 이루어져 있고, 참가자들은 '설명을 듣는다' → '실제로 손을 움직인다'라는 과정을 여덟 번 반복함으로써 고객 여정 지도를 만들어 나간다. 이때 가장 중요한 부분은 **참가자들을 눈앞의 한 가지 일에만 집중시키는 것이다.**

그러기 위해 퍼실리테이터는 간결하게 지시하고 행동을 이끌어낸다. 구체적으로는 "지금부터 1단계입니다. 여기서는 고객 여정 지도의 주제를 결정하겠습니다. 방법을 설명할 테니 잘 들어 주세요."라고 우선 '듣기'에 집중시킨다.

이어서 "그러면 지금부터 ○○분 동안 작업하겠습니다. 준비되셨나요? 자, 시작!"이라고 선언하고, 그 단계에서 할 일에 집중시키고, 시간이 다 되면 "자, 시간이 다 됐습니다. 그만! 손을 멈추고 앞을 보세요."라고 명확하게 지시해

서 모든 참가자의 주의를 끈다. 작업에 물이 오르면 퍼실리테이터가 중단시켜도 참가자들끼리 계속 이야기하는 경우도 있는데, 확실하게 끝내도록 하는 일이 중요하다.

"자, 설명을 들어 주세요!"
"자, 시작!"
"자, 그만!"

이 세 가지가 신호다. 명확한 지시를 통해 새로운 마음으로 한 가지 작업에 집중하도록 하자. 참가자들이 한 발 한 발 앞으로 나아가도록 독려해서 목표를 향해 인도하자.

중요한 것은 확실하게 신호를 주고, 참가자들이 주체성을 가지고 작업하도록 하는 일이다.

제가 퍼실리테이터입니다.

앞에서 좋은 퍼실리테이터란 '눈에 띄지 않는' 퍼실리테이터라고 했지만, 워크숍을 착착 진행하기 위해서는 참가자들이 퍼실리테이터의 존재를 확실히 인식할 필요가 있다. 처음에 인사할 때 "저는 오늘 퍼실리테이터를 맡은 ○○입니다."라고 소개하고, 자신의 역할을 간단히 설명하자.

포인트 ②
일단 시간을 지킨다

참가자들을 한 가지 일에 집중시키기 위해서는 시간을 지키는 것이 비결이다. 퍼실리테이터는 전체적으로 시간을 배분하면서, 짧은 시간 속에서 아이디어를 빠르게 내놓자! 라는 분위기를 조성한다. 작업 중에는 타이머를 보며 "앞으로 3분 남았습니다." "남은 시간은 30초 정도입니다."라고 말하며 항상 시간을 의식시킨다.

이 책에서 설정한 각 단계의 소요 시간은, 처음 워크숍을 경험하는 경우라면 아마 너무나도 짧게 느껴질 것이다. 지도를 개발하는 흐름을 이해하고, 제한된 시간 내에(2.5시간) 한 장의 고객 여정 지도를 완성하기 위해 최소한으로 필요한 시간을 설정한 것이기 때문이다. 퍼실리테이터는 워크숍을 시작할 때 '각 단계의 시간은 짧게 설정되어 있음' '우선은 시간 내에 8단계를 완료하는 일을 첫째 목표로 삼을 것'을 전달하고, 하나의 단계에 발이 묶여 앞으로 나아가지 못하는 일이 없도록 한다.

논의에 탄력이 붙어 수많은 아이디어가 나오고 있을 때 타이머가 울리면 시간을 연장하고

싶은 마음이 드는 법이다. 그럴 때 사용할 수 있는 방법 한 가지를 소개하겠다. 바로 **애초에 원래 정해진 시간보다 1~2분 짧게 시간을 설정하는 것**이다.

10분 내로 끝내야 하는 단계라면 처음에 "이 단계는 8분입니다."라고 말하며 시작한다. 그리고 남은 시간을 보다가 참가자들이 시간이 부족하다고 말하면 "그럼 2분 더 드리겠습니다."라고 작업 시간을 연장하는 것이다.

처음부터 시간을 넉넉하게 주는 것보다, 절박한 상태에서 추가된 1~2분 동안 더 많은 결과가 나오는 경우를 자주 본다. 시간 분배를 혼자 도맡는 것이 불안하다면 도와줄 사람을 찾아서 시간 관리를 맡기는 분업도 좋다.

포인트 ③
해답을 주는 것이 아니라
계기를 제시한다

워크숍에 따라서는 참가자들이 좀처럼 의견을 내놓지 못해 논의가 정체되는 경우가 있다. 백지를 앞에 두고 침묵하는 참가자, 타이머에 표시되는 남은 시간…… 퍼실리테이터에게 가장 괴로운 순간일지도 모른다.

그러나 결코 '내가 해결책을 내놓아야 해!'라는 부담을 가질 필요는 없다. 퍼실리테이터의 역할은 '분위기 조성'이자 '동반 주자'임을 기억해야 한다. 고객 여정 지도를 그리기 위한 모든 정보는 참가자들이 가지고 있다. 퍼실리테이터의 임무는 '해답을 가르쳐 주는 일'이 아니라 **'발상의 계기를 제시하는 일'**이다.

필자와 팀 멤버들도 이제까지 수많은 퍼실리테이션을 실시해 왔는데, 모든 참가자의 사업 내용이나 비즈니스 모델에 정통했던 것은 아니다. 다시 말해 퍼실리테이터가 '해답'을 가지고 있지는 않았다. 그럴 때 항상 돌아갈 곳은 '내가 고객이라면?'이라는 시점이다. 모든 참가자는 회사를 나서는 순간 한 사람의 생활인이자 소비자다. '내가 구매자라면 어떻게 느낄까?' '어떤 의문이 생길까?'라는 시점에서 질문을 던지면 출구가 보일 것이다.

참가자들이 자신의 의견을 말하는 일 자체를 주저하는 듯하다면 "저라면 여기서 이렇게 할지도 모르겠네요." 하는 식으로 퍼실리테이터가 시범을 보여 아이디어를 내는 것도 한 방법이다. 조금 엉뚱한 아이디어를 던져서 참가자들을 웃게 만드는 정도가 딱 좋다.

의견이 잘 나오지 않는 워크숍은 주제 자체의 난도가 높은 경우도 있지만 **'틀린 말은 하고 싶지 않아' '정답을 말해야 해'라는 생각 때문인 경우도 많다.** 성격이 성실한 사람, 관리직이나 리더의 위치에 있는 사람은 그런 경향이 강할 수 있다. 유연한 사고로 게임을 하듯 서로 아이디어를 낼 수 있는 '계기 만들기'를 위해 노력하자.

게임하듯 신나는 분위기를 만드는 'CEO 배지' 'CMO 배지'

워크숍에 게임과 같은 느낌을 주고 싶을 때 'CEO 배지' 'CMO 배지'가 도움이 된다. "오늘은 A씨가 CEO Chief Executive Officer(최고경영책임자)입니다. 기업 차원의 판단이 필요할 때는 A씨가 결정합니다."라고 선언하고, 미리 만들어 둔 CEO 배지를 착용시킨다. CMO Chief Marketing Officer(최고 마케팅 책임자) 배지도 마찬가지로 활용한다.

일부러 젊은 참가자 또는 다른 부문에서 온 참가자에게 배지를 주거나, 돌아가면서 배지를 착용하면 리프레이밍(다른 시각에서 상황을 보는 것) 효과가 있다. 참가자들이 '평소 하던 회의랑은 다르네' '생각나는 건 다 말해 보자'라고 느끼게 되면 성공이다.

▶ CEO 배지와 CMO 배지의 예시. 참고해서 자신만의 배지를 만들어 보자.

포인트 ④

단계와 단계를 연결한다

이 책에서 소개하는 고객 여정 지도 워크숍은 8단계에 걸쳐 정보를 축적히는 과정이다. 그러나 실제로 해 보면 당장 아이디어를 내는 데에 정신이 팔려서 지도의 빈 공간은 채웠지만 전체가 잘 연결되거나 앞뒤가 잘 맞지는 않는 경우가 있다. '기껏 페르소나를 제작했는데 행동을 생각하는 단계에는 전혀 반영되지 않았다' '페르소나의 행동과 감정을 발견했는데 막상 대응책을 생각하기 시작하자 기존의 대응책에 머무르고 말았다'라는 식이다.

그럴 때 퍼실리테이터는 한두 단계 전의 내용을 보면서 "이 페르소나라면 ○○을 찾아볼 때 어떤 웹사이트를 이용할까요?" "이때 페르소나는 부정적인 감정을 느끼네요. 어떻게 하면 긍정적인 감정으로 바꿀 수 있을까요?" 등

앞 단계의 결과물을 눈앞의 작업과 잘 연결하는 일을 의식해야 한다.

퍼실리테이션에 익숙해지면 퍼실리테이터가 직접 "요점은 이렇다는 거네요."라고 논점을 정리해서, 지도에 기입한 논의의 아이디어가 더 잘 전달되도록 하는 일도 가능하다. 다양한 퍼실리테이션 서적이 시중에 나와 있으므로 함께 참고하자.

퍼실리테이션에 효과적인 일곱 가지 기술

퍼실리테이터의 마음가짐에 참고할 수 있도록, 워크숍에 효과적인 기본적인 기술 일곱 가지를 정리하겠다. 이것들을 모두 실행할 필요는 없다. 몇 가지 요점을 기억해 두고 참가자들에게 다가가면 좋다.

퍼실리테이션에 효과적인 일곱 가지 기술

1. 진행한다

워크숍의 진행이 퍼실리테이션의 기초다. 이때 사용할 말의 종류는 세 가지다. 기억해 두자. "자, 주목, 들어 주세요." "자, 작업을 시작하세요." "자, 손을 멈추세요. 그만." 이 세 가지 말을 기본으로 워크숍을 진행하며 시간을 관리한다.

2. 대화에 참여시킨다

의견을 이야기하지 않는 사람을 발견하면 "○○씨는 어떻게 생각하세요?"라고 물어보자. 참가자 중 누군가는 지나치게 많이 말하고 누군가는 말을 꺼내기를 주저할 때 효과가 있다.

3. 원래 논의로 돌아간다

워크숍에서는 그 단계에서 논의해야 할 내용에서 벗어나서 논점이 흐려지는 상황이 적지 않다. 그럴 때는 그 단계에서 다룰 내용으로 다시 돌아가도록 하는 것이 중요하다. "분위기가 아주 고조됐는데요. 지금은 고객의 감정을 자세히 알아보는 단계입니다. 앞으로 ○분 남았으니 집중하죠." 이렇게 이야기해 원래 논의로 돌아가서 대화의 방향을 잘 잡자.

4. 발상을 넓힌다

회사의 규모와 분위기에 따라서 다르지만, 워크숍도 평상시 업무와 마찬가지로 묵묵히 진지하게 진행하는 경우가 있다. 그렇게 되면 기존의 정책과 업무상의 제약이라는 전제조건이 머리에서 떠나지 않아 아이디어가 나오지 않을 수 있다. "만약 이 사업으로 해외 진출을 하게 된다면 어떻게 할까요?"와 같이 조금 엉뚱한 질문을 던져서 발상을 넓히자. 이 책에서는 그러기 위한 도구로 '와일드카드'를 사용한다(3장, 4장 참고).

5. 논점을 파고든다

"이건 어떤 뜻인가요?" "숫자로 표현한다면?" "구체적인 금액은 얼마인가요?" 등 워크숍에서 발견한 정보를 깊이 파고들면 심도 있는 깨달음을 얻을 수 있다.

6. 결단을 촉구한다

참가자들이 서로 눈치를 보며 시간 내에 결론을 내지 못하는 상황이 많이 일어난다. 그럴 때는 배지를 단 결정권자에게 미련 없는 결단을 촉구한다.

7. 논점을 정리한다

워크숍의 과정은 세분화되어 있으므로, 도중에 참가자들의 눈높이를 끌어올리고 목적과 도착점을 정리해 다시 인식시킬 필요가 있다. 그때 효과적인 것이 '랩업wrapup'이라는 방법이다. 특히 제품 또는 서비스, 시작점, 도착점, 기간, 페르소나를 정하고 나면 "이번에는 어떤 페르소나에 대한 어떤 여정을 만들까요?"라고 말한다. 종료 후에는 "개발한 지도를 4분 동안 설명해 주세요."라고 요청해서 넓어진 논점을 정리하도록 한다.

워크숍의 종료와 후속 조치

지도를 완성한 후

8단계를 무사히 마치고 나면 고객 여정 지도가 완성된다. 퍼실리테이터는 "이제 모든 단계가 끝났습니다. 고객 여정 지도가 완성되었습니다!"라고 선언한다. 그리고 "고맙습니다. 수고하셨습니다!"라고 참가자들의 협력에 감사하며 노고를 치하한다.

그러나 여기서 해산하기에는 아깝다. 여기서 퍼실리테이터의 다음 일이 시작된다. 우선 완성한 고객 여정 지도를 보며 **잠시 논의하는 시간을 가진다.** 이때 할 일은 아래의 네 가지다.

워크숍의 성과를 극대화하기 위해 다음으로 이어지는 구체적인 행동을 결정하고 나면, 마지막으로 지도를 사진으로 남긴다. 그리고 시간이 있을 때 정보를 정리하거나 자료로 만들어 사내에 공유한다.

개최 후의 후속 조치와 작은 행동

지도를 완성한 후 결정하는 작은 행동은 워크숍이 끝난 직후나 다음날 등에 **곧바로 할 수 있는 일**이어야 한다. 또 실현을 위해 협력할 사람을 선정해 고객 여정 지도가 행동으로 더 잘 연결되도록 한다.

그 작은 행동이 진행되고 있는지 나중에 확인하고, 후속 대응을 통해 더욱 좋은 결과로 이끌자. 행동이 진행되어 규모가 조금 커지면 적절한 부서나 담당자에게 넘기고, 경과를 기대하며 지켜본다.

지도를 완성한 후에 할 일

1. 고객 여정 지도에 등장한 아이디어 중 실제로 실시해 보고 싶은 정책을 선택한다.
2. 결정한 정책을 실현하는 데 필요한 작은 행동을 생각한다.
3. 행동의 책임자와 실현을 위해 협력할 사람의 이름(또는 부서명)을 포스트잇에 써서 붙인다.
4. 그 포스트잇을 포함해서 완성된 고객 여정 지도를 촬영한다.

자, 워크숍을 시작하자!

워크숍이 풍부한 결실을 맺을 수 있도록

이 책에서 소개할 고객 여정 지도는 '완벽한 여정을 그려내기 위한 것'이 아니다. 지도를 한 번 만든다고 해서 정답을 찾아낼 수 있는 것도 아니다.

고객 여정 지도라는 틀에는 다양한 아이디어를 이끌어내고 정리하는 과정이 담겨 있다. 그렇게 함으로써 고객의 경험을 고객의 시점에서 재구축하고, 회사의 과제를 찾아내고, 공유하고, 가설과 정책을 생각하는 토대를 만들어나갈 수 있다.

지도를 완성하는 데에서 끝이 아니라, 거기서 배울 점을 찾아내고 개선하기 위해 워크숍을 여는 것임을 잊어서는 안 된다. **지도를 만들고 나서 진짜 행동이 시작**되는 것이다.

완벽하지 않아도 좋다, 우선 해 보자

고객 여정은 경영이념에 관련된 요소도 있고 UI/UX 등 디자인의 관점에서 생각할 수도 있다. 그러나 이 책에서는 '어렵게 생각하지 말고 일단 해 보자'라는 자세를 중요하게 생각한다. 핵심은 **'누구나 이해할 수 있고 누구나 할 수 있다'**라는 것이다. 그렇기에 폭이 넓고 진실을 발견할 수 있다. 자신의 손으로 사내의 물품을

활용해 부담 없이 만들어 보자.

처음 개최했을 때 '이 페르소나는 네 부분으로 나눌 수 있네. 각각 고객 여정을 생각하는 게 좋겠어.'라는 결론에 다다랐다면 그 시점에서 첫 워크숍은 성공이다. 이 결과를 다음 워크숍으로 연결하면 되는 것이다. 처음부터 '완벽한 페르소나를 만들고, 사용자 경험의 관점을 기반으로 한 고객 여정을 그리자.' 등으로 어렵게 받아들이면 지도를 완성한 후 지쳐서 실제로 활용하지 못하게 되는 경우도 있다.

우선 대강 만들어 보고, 거기서 생겨난 가설을 현장 담당자의 의견과 회사 사이트의 데이터로 '검증'해 본다. 실제 고객 정보의 공통점을 페르소나에 더해서 대표성을 높인다. 이처럼 다양한 시도를 통해 고객 여정 지도를 만들어나가자.

그러면 다음 장부터 드디어 구체적인 과정을 설명하겠다.

포스트잇의 사용법

고객 여정 지도 워크숍에서는 포스트잇을 많이 사용한다. 필자가 워크숍을 실시할 때는 정사각형, 직사각형, 말풍선 모양 등 여러 종류를 용도별로 사용한다.

　다음 장부터 지도를 만드는 과정의 설명이 시작된다. 읽어 나가다 보면 '고객 행동' 칸에는 노란 정사각형 포스트잇만 사용하는 등의 규칙이 있음을 발견할 것이다. 이렇게 하면 통일성이 있어 보이고, 나중에 검토할 때 눈에 잘 들어오는 지도가 된다. 작은 포스트잇은 메모로 정보를 보충할 때 사용한다. 반드시 이 책과 똑같은 방법으로 사용할 필요는 없지만, 퍼실리테이터는 미리 포스트잇의 용도별 사용법을 생각해 둬야 한다.

　아래와 같은 네 종류의 포스트잇을 모두 갖추지 못해도 괜찮다. 말풍선 모양 포스트잇이 없으면 직사각형으로 대체하면 된다. 각자 수변에 있는 물품을 잘 활용하고, 남들과의 공유도 생각하면서 이해하기 쉬운 지도를 만들어 보자.

② 직사각형 (75mm × 25mm)

④ 말풍선 모양
(75mm × 25mm 직사각형
포스트잇으로 대체 가능)

③ 작은 정사각형
(50mm × 50mm)

① 정사각형 (75mm × 75mm)

CHAPTER

3

지도를 만들어 보자 [B2C편]

고객 여정 지도 개발의 흐름

B2C 고객 여정 지도 만들기

이 책에서 소개할 고객 여정 지도는 8단계를 거쳐 개발하는 것이다. 1장에서 설명한 대로 고객 여정 지도의 개발 과정은 '입력'과 '출력'으로 나뉜다.

우선 1단계와 2단계에서 주제와 페르소나라는 '지도 개발에 필요한 정보'를 입력한다. 3단계에서 6단계까지는 완전히 고객의 시선에서 각 항목을 채워 나간다. 그리고 7단계와 8단계는 다시 회사의 시선에서 지도를 보며 정책과 새로운 아이니어를 생각한다.

이 장에서는 젊은 여성을 대상으로 의류를 제조 및 판매하는 기업인 ABC 의류의 통합 마케팅 본부가 고객 여정 지도를 그린다고 가정하고 B2C 고객 여정 지도 개발 과정의 각 단계를 설명하겠다.

대상 페르소나는 20대 전반의 일하는 여성으로 설정했다. 여정은 페르소나가 관심이 가는 패션 브랜드와 만나는 데에서 시작해, 사고 싶은 옷에 대해 알아보고, 매장 방문과 시착을 거쳐 옷을 구매하는 것이다. 도착점은 구매 후 ABC 의류의 다른 브랜드 라인업과 만나는 것으로 설정한다. 이 예시를 참고해 자신의 회사와 비교하며 워크숍을 진행해 나가자.

고객 여정 지도 개발의 8단계

입력	1단계	주제를 정한다	지도에서 다룰 제품 또는 서비스, 여정의 시작점과 도착점, 기간을 설정한다.
	2단계	페르소나를 제작한다	대상 고객의 모습을 명확히 한다.
출력/고객 시점	3단계	행동을 구체적으로 찾아낸다	고객이 여정의 시작점에서 도착점까지 어떤 행동을 취할지 모두 명확히 찾아낸다.
	4단계	행동을 국면으로 나눈다	찾아낸 다양한 행동을 그룹으로 분류한다.
	5단계	고객 접점을 명확히 한다	고객이 이용하는 매장이나 앱, 웹사이트 등의 접점을 자세히 밝힌다.
	6단계	감정의 기복을 상상한다	'기쁘다' '난처하다' '좋다' 등 고객의 기분 변화를 파악한다.
출력/기업 시점	7단계	대응책을 생각한다	지도의 전체 모습을 보고 과제와 개선이 가능한 부분을 검토한다.
	8단계	시점을 바꾸어 아이디어를 추가한다	고객 여정 지도 전체를 다른 각도에서 다시 바라보고 새로운 정책의 아이디어를 찾아낸다.

가상의 B2C 기업
지도를 작성하는 주체가 되는 기업

회사명	주식회사 ABC 의류		
개요	10개 이상의 패션 브랜드를 제조 및 판매하고, 전국에서 100곳 이상의 매장을 운영하며 급성장 중인 기업		
상품	20대 대상 캐주얼 패션, 브랜드 'A'를 포함해 10개 이상의 브랜드를 보유		
매출	연 2,000억 원		
직원 수	400명	기업 분위기	젊은 사원이 많아 적극적이고 활기가 있음
창업	2000년	대상 고객	20대 전반 여성이 주요 구매층

※ 예시를 위한 가상의 기업.

고객 여정 지도와 각 단계

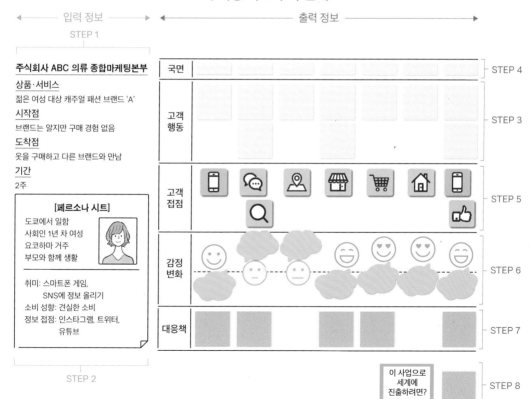

입력 정보

STEP 1

주식회사 ABC 의류 종합마케팅본부

상품·서비스
젊은 여성 대상 캐주얼 패션 브랜드 'A'

시작점
브랜드는 알지만 구매 경험 없음

도착점
옷을 구매하고 다른 브랜드와 만남

기간
2주

[페르소나 시트]
도쿄에서 일함
사회인 1년 차 여성
요코하마 거주
부모와 함께 생활

취미: 스마트폰 게임,
　　　SNS에 정보 올리기
소비 성향: 건실한 소비
정보 접점: 인스타그램, 트위터,
　　　　　유튜브

STEP 2

출력 정보

국면		STEP 4
고객 행동		STEP 3
고객 접점		STEP 5
감정 변화		STEP 6
대응책		STEP 7

이 사업으로 세계에 진출하려면? — STEP 8

47

주제를 정한다

고객 여정 지도에 그릴 내용을 설정한다

첫 단계에서는 고객 여정 지도의 대상이 될 범위, 즉 스코프와 주제를 정한다. 우선 회사의 어떤 제품 또는 서비스에 대해 지도를 그릴지 결정하자. 다음으로 고객 여정의 '시작점'과 '도착점'으로서 페르소나가 여정을 시작할 때의 상태와 마칠 때의 상태를 정의한다. 상태란 자사 제품에 대한 인지와 구매 경험, 호감도 등 고객으로서의 상태를 뜻한다. 거기에 시작점에서 도착점까지의 '기간', 다시 말해 상태 변화가 일어날 때까지의 시간 길이를 정해서 여정의 대전제를 설정한다.

이와 같은 주제 설정은 지도의 토대가 되며, 그 후의 모든 단계에 영향을 미친다. 가장 중시하고자 하는 고객 경험이 포함되는 스코프를 설정하는 일이 중요하다. 설정 후에는 그 내용을 적어 두자.

제품·서비스를 결정하는 방법

고객 여정 지도에서 다룰 제품 또는 서비스는 '여성 대상 패션 브랜드 ○○' '온라인 여행 예약 서비스' '현재 개발 중인 새로운 앱' '최근 매출이 늘지 않는 상품' 등으로 다양하게 생각할 수 있다.

아직 완성되지 않은 제품 또는 서비스라도 주제로 설정할 수 있다. 프로젝트 단계에서 가설의 형태로 고객 경험을 검증하고, 완성한 후에는 개선이 어려워질 문제를 찾아내서 미리 손을 쓰는 일도 가능하다.

시작점과 도착점을 결정하는 방법

시작점과 도착점에는 지도의 주인공인 인물이 브랜드의 상품을 알고 있는지, 구매 또는 이용 경험, 브랜드에 대한 호감도 등이 어떤 상태인지 각각 기술한다.

기업명과 부서명	회사명, 자신이 소속된 부서명	예) 주식회사 ABC 의류 통합 마케팅 본부
제품 또는 서비스	여정의 주제가 될 회사 상품	예) 20대 여성이 주요 타깃인 캐주얼 패션 브랜드 'A'
시작점	여정이 시작될 때 고객의 상태	예) 브랜드명은 들어 봤지만 구매한 적은 없고, 브랜드와 접점도 없는 상태
도착점	여정이 끝났을 때 고객의 상태	예) 브랜드 A의 옷을 구매하고, 회사의 다른 브랜드 B와 긍정적인 접점이 있는 상태
기간	시작점에서 도착점까지의 기간	예) 2주

▶ 고객 여정 지도의 주제와 기입 예시.

시작점은 '브랜드와 상품을 인지하지 못하고 구매 경험도 없는 상태' '편리한 서비스가 없어서 난처한 상태' '가회원 등록은 했지만 본회원 등록은 아직 마치지 않은 상태' 등을 생각할 수 있다. (일본에서는 회원가입 절차가 임시 회원인 '가(仮)회원'과 정식 회원인 '본(本)회원'이라는 두 단계로 나뉘는 경우가 많음―옮긴이)

한편 도착점은 '브랜드의 열성 고객이 된다 (연 5회 상품 구매)' '앱을 사용해 효율적으로 상품을 구매할 수 있는 상태' '본회원으로 등록하고 처음으로 포인트를 사용한 상태' 등 최종적으로 이런 상태가 되었다고 말할 수 있는, 원하는 상태를 설정한다.

시작점과 도착점의 상태는 가능한 한 **변화를 수치로 측정할 수 있도록 정의하자.**

시작점과 도착점의 상태로 정의하는 항목의 예

브랜드의 인지도/브랜드에 대한 호감도/구매 경험/구매·이용 빈도/연간 구매·이용 금액/회원·비회원/포인트/충성도/NPS(고객 추천도)

기간을 결정하는 방법

기간의 경우 시작점이 '브랜드를 인지하지 못한 상태', 도착점이 '상품을 구매하고, 다른 브랜드와 긍정적인 접점이 있음'이며 거기에 '2주'가 걸릴 듯하다면 그 2주를 기간으로 설정한다.

시작점과 도착점의 설정에 따라서도 달라지는 문제이기는 하지만 기간이 '1시간'처럼 너무 짧다면 지도를 채울 수 없고, '10년'처럼 너무 길게 설정해도 여정이 너무 원대해져서 워크숍 시간 내에 지도를 완성할 수 없다.

적절한 기간을 설정하는 비결은 스코프로 설정한 기간 내에 고객의 상태가 변화하고 국면 몇 개를 거치기에 충분한 시간이 있어야 한다는 것이다. 이 책에서는 다섯 가지 정도의 국면을 기준으로 삼는다. 제품의 구매 주기나 이용 기한 등을 참고해서 현실적인 기간을 설정하자.

퍼실리테이션 팁

퍼실리테이터는 적절한 스코프의 설정을 위해 다음과 같은 점을 유의하며 참가자들을 유도하고 주제를 설정한다.

- 시작점에서 도착점까지의 상태 변화를 수치로 나타낼 수 있도록 한다.
- 너무 짧거나 너무 길지 않은 기간을 설정한다. 1개월, 3개월, 6개월 등 제품의 구매나 이용 주기에 맞는 기간을 설정하는 것이 중요하다.
- 여정이 한 부문 내에서 완결되는지, 또는 다른 부문에도 걸치는지 고려한다.

페르소나를 제작한다

주요 타깃을 정한다

이 단계에서는 고객 여정 지도의 주인공이 될 주요 타깃의 인물상, 즉 페르소나를 명확히 한다. 그 제품 또는 서비스를 이용해 주기를 가장 바라는 주요 타깃을 정하고, 마치 이력서와 같이 이름과 성별 등의 기본 정보, 그리고 취미와 휴일을 보내는 방법 등 그 사람의 라이프스타일을 알 수 있는 정보를 상상하며 이미지를 구체화한다. 이 책이 제공하는 페르소나 시트를 인쇄해 뒀다가 기입해 나가자.

페르소나 시트는 크게 세 부분으로 나뉜다. 우선 '**기본 속성**'으로 이름, 성별, 나이, 직업, 연수입, 가족 구성, 거주 지역 등을 설정한다. 다음은 '**행동 속성**'으로 취미, 휴일을 보내는 방법, 최근의 고민, 소비 경향, 정보 접점(이용하는 매체와 앱 등)을 생각한다. 그다음의 '**상태 자유**

기술'에는 위의 두 가지 항목에 포함되지 않는 상태나 구체적인 행동 등을 생각한다.

인물의 분위기가 전달되도록 일러스트로 표현하거나 유사한 이미지를 가진 인물 사진을 넣자.

고객 여정 지도의 개발은 하나의 세그먼트를 대표하는 페르소나를 바탕으로 일련의 고객 행동을 만들어 나가는 작업이다. 페르소나를 생각할 때는 '세그먼트' '대표성'을 의식해서 아이디어를 낸다.

페르소나 기입의 예

ABC 의류의 통합 마케팅 본부 직원들이 페르소나로 제작한 것은 만 23세 여성 '스즈키 유이.' 기입 예시를 참고해 회사의 대표적인 페르소나를 명확히 하자.

퍼실리테이션 팁

페르소나의 정보에 구체성이 없으면 그 후의 단계에서 아이디어를 내기 어려워진다. 퍼실리테이터는 다음과 같은 점을 주의하며 의견을 이끌어낸다.

- 페르소나의 인물상을 스스로 말할 수 있을 만큼 구체성이 있는 정보를 제시한다.
- 연 수입뿐만이 아니라 한 달에 자유롭게 사용할 수 있는 금액을 사용하면 행동을 상상하는 것이 더 쉬워진다.
- 이름을 붙이고, 그림을 잘 그리는 참가자에게 인물의 모습을 묘사한 일러스트를 그리도록 해서 이미지를 구체화한다.

B2C 페르소나 시트

상품 구매를 가장 바라는 주요 타깃

기본 속성		행동 속성	
이름	스즈키 유이	취미	스마트폰 게임, SNS에 정보 올리기
성별	여성	휴일을 보내는 방법	
나이	만 23세	SNS에 올리기 좋은 곳에 친구들과 함께 가기	
직업	사회인 1년 차	최근의 고민	
연 수입	3,800만 원(한 달에 자유롭게 쓸 수 있는 금액은 35만 원)	친구들이 바빠서 만나기 어려움	
		소비 성향 견실한 소비	
가족 구성	아버지, 어머니, 남동생	정보 접점(이용 미디어와 앱 등)	
거주 지역	가나가와현 요코하마시, 부모와 함께 생활	인스타그램, 트위터, 유튜브	

상태 자유 기술

경력

대학교 졸업 후 회사에 취업, 아직 1년 차

부모와 함께 살기 때문에 생활에 여유가 있음

취향과 행동의 특징

옷은 모양과 스타일을 확인하기 위해 기본적으로 시착

물론 온라인으로 구매하기도 함

혼자서 쇼핑하기도 하는 타입

패션 정보를 위해 모델과 인플루언서의 SNS를 팔로우

SNS 계정은 여러 개를 만들어서 친구용과 취미용 등 용도에 따라 나누어 사용

▶ B2C 페르소나 시트의 기입 예시

행동을 구체적으로 찾아낸다

페르소나의 행동을 생각나는 대로 모두 쓴다

전제가 되는 정보의 입력이 끝나고 드디어 여기서부터 지도를 그려 나간다. 처음에 착수하는 것은 위에서 두 번째의 **'고객 행동'** 칸이다. 이 부분에는 시작점에서 도착점에 이르기까지 고객이 어떤 행동을 할지 생각나는 대로 써 나간다. 여기에 쓴 아이디어가 많으면 많을수록 나중 단계가 원활하게 진행된다. '고객 행동' 칸은 넓게 잡아 두고, 간결한 표현으로 행동을 채워 나가자. 지도를 그릴 때 하나의 칸에는 똑같은 색의 포스트잇을 사용한다.

시작점부터 순서대로 포스트잇을 붙이면 도착점에 다다르기까지 시간이 걸리거나, 도착점에 다다르기 전에 자리가 다 차는 경우가 있다.

'고객 행동' 칸을 잘 활용하기 위해서는 1단계에서 정한 '시작점'과 '도착점'의 상태를 바탕으로 고객이 취할 행동을 쓴 포스트잇을 시작점과 도착점에 처음으로 붙이는 것이 좋다. 그리고 그사이를 대강 메워 나간다.

이 단계는 15분이므로 참가자들끼리 의견이 겹쳐도 신경 쓰지 말고 과감하게 적어 나가며, **아이디어를 최대한 많이 내는 '확산의 시간'으로 삼자.** 포스트잇을 정리하는 시간은 다음 단계에 있다.

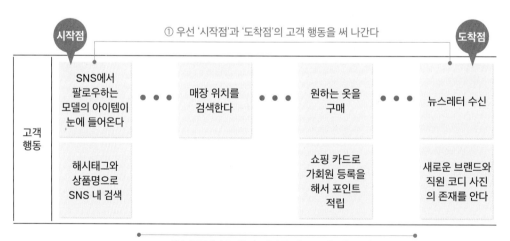

▶ 고객 행동의 대략적인 기입 예시. '고객 행동' 칸의 포스트잇 공간은 두 줄을 확보해 둔다. 포스트잇 한 장에는 행동 하나만 기입한다. 포스트잇 한 장에 여러 행동을 쓰지 않는다.

행동 기입의 예

페르소나인 20대 여성 스즈키의 행동을 생각해 보자. 시작점에서는 ABC 의류의 브랜드를 몰랐던 스즈키가 인스타그램에서 팔로우하는 인기 패션모델의 사진을 보고 ABC 의류의 브랜드 A의 아이템을 주목한다. 그리고 해시태그로 달린 브랜드의 이름을 클릭해서 더 많은 사진을 본다. 이것이 브랜드 A와의 만남이다.

스즈키는 브랜드 A에 대해 더 알아본다. 일반인의 코디 사진을 보고, ABC 의류가 운영하는 온라인 쇼핑몰에 가서 가격과 재고를 확인한다. 처음 알게 된 브랜드이므로 매장에도 가 보고 싶다고 생각한다. 매장 위치를 검색한 후, 퇴근길에 매장에 가 보게 되고 점원과 대화를 한다.

이처럼 워크숍에서는 고객의 입장에서 상상력을 발휘하는 일이 핵심이다. 내가 그 인물이 되었다고 생각하고, 생각나는 행동을 포스트잇에 써서 붙여 나가자.

'고객 행동'은 고객 여정 지도의 토대

왜 지도의 맨 위에 있는 '국면' 칸이 아니라 '고객 행동' 칸부터 채울까? 이유가 있다. 바로 고객 행동이 고객 여정 지도의 토대이기 때문이다. 고객 행동을 구체화하지 않으면 고객과의 접점이나 고객의 감정 변화도 떠올릴 수 없다. 또 가장 위의 '국면' 칸부터 채우면 그 흐름을 따라 고객 여정을 끼워 맞추게 된다.

'고객 행동' 칸에 빈틈이 너무 많다면, 고객에 대한 워크숍 참가자들의 이해가 부족하다고 할 수 있다. 이 단계에서 하는 일은 다 함께 고객의 행동에 관한 가설을 세우는 것이다. 워크숍에서 의견이 잘 나오지 않았다면 과거에 실시한 설문조사나 고객에 대한 각종 데이터를 돌아보고 사내에서 깊이 있게 논의하기를 권한다. 우선 고객에 대한 가설을 세우기 위한 기반을 회사가 가지고 있어야 한다.

퍼실리테이션 팁

고객 행동을 적어 나가는 이 단계는 시간이 모자라는 경우가 많은 단계이기도 하다. 퍼실리테이터는 참가자들에게서 효율적으로 아이디어를 이끌어내야 한다.

- 시작점과 도착점의 고객 행동을 먼저 정한 후 그 사이를 메운다.
- 행동은 많이 생각해낼 필요가 있으며, 회사 입장에서 편리한 행동만 쓰지 않도록 주의한다.
- 퍼실리테이터는 포스트잇을 충분히 준비해서, 떨어지기 전에 참가자들에게 더 나눠준다.
- 포스트잇을 정리하는 시간은 다음 단계에 있으므로 여기서는 아이디어를 내는 데에 집중한다.

행동을 국면으로 나눈다

고객 행동을 그룹으로 묶는다

'고객 행동' 칸에 붙인 행동 하나하나를 나타내는 포스트잇이 '점'이라면, 그 점을 분류해 여정 전체의 큰 흐름을 파악할 수 있다. **'국면' 칸**에서는 고객의 행동을 그룹으로 나누어 국면이 어떻게 달라지는지 생각한다.

고객 행동의 포스트잇을 보면서, 내용이 같은 것은 서로 겹치며 포스트잇을 솎아내서 그룹으로 나누자. '국면' 칸은 '고객 행동' 칸에서 쓴 것과 똑같은 색의 포스트잇을 사용해 통일감을 준다.

국면 기입의 예

예시 속 ABC 의류의 페르소나 스즈키는 SNS에서 팔로우하는 모델이 올린 사진을 보고 마음에 드는 아이템을 발견해 SNS에서 검색한

다. 이것이 스즈키와 브랜드 A의 첫 만남이다. ABC 의류의 담당자는 이러한 행동에 대해 '국면' 칸에 '만남'이라는 이름을 붙였다.

그 후 스즈키는 다른 사람들의 코디를 찾아보고 매장 위치를 검색하는 등 계속해서 정보를 수집한다. 이 행동에는 '정보 찾기'라는 이름을 붙였다. 여기서 매장을 찾아가 점원에게 옷이 어디 있는지 묻는 '매장 방문', 여러 옷을 입어보는 '시착'으로 국면이 진행된다. 이런 방법으로 고객 행동을 정리하고 이름을 붙여 나가자.

그룹으로 묶을 때 요령은 행동의 배경에 있는 페르소나의 '태도 변화'를 주목하는 것이다. 처음에는 브랜드에 관심이 없었지만, SNS 사진을 보면서 그 브랜드가 마음에 들었다는 태도의 변화다. 국면의 전환은 곧 페르소나의 태도 전환을 뜻한다.

이 포스트잇 3장이 '정보 찾기' 국면 · · · · · · 가등록에서 본등록으로 넘어간 계기가 빠졌다?

국면	만남	정보 찾기		방문	시착	구매·가등록	승인 욕구	본등록	새로운 만남
고객 행동	SNS에서 팔로우하는 모델의 아이템이 눈에 들어온다	일반인의 코디도 확인	매장 위치를 검색한다	매장을 방문	시착해서 소재, 실루엣, 사이즈를 확인	원하던 옷을 구매	집에 가서 새 옷을 입는다	쇼핑 카드를 본등록, 주소 등의 상세 정보를 입력	뉴스레터를 받는다
	해시태그와 상품명으로 SNS 내 검색	브랜드의 온라인 쇼핑몰에 접속		점원에게 옷의 위치를 묻는다	온 김에 다른 옷도 시착	쇼핑 카드를 가등록해 포인트를 적립	셀카를 찍고 해시태그를 붙여 SNS에 올린다		새로운 브랜드와 직원 코디 사진의 존재를 안다

▶ 국면 나누기의 예시. 같은 종류의 행동을 그룹으로 묶고 '국면' 칸에 이름을 기입한다.

빠진 행동과 국면을 찾아낸다

국면 나누기는 여정을 전체적으로 바라보는 작업이다. 행동을 분류해 나가다 보면 고객은 이런 행동도 취할 것이라는 생각이 들거나, 또는 국면과 국면 사이에 또 하나의 단계가 존재함을 발견하게 된다. 그 경우는 행동을 추가하거나 국면을 늘려서 정리한다.

구매 후의 국면을 주목해 보면 ABC 의류는 매장에서 옷을 구매한 스즈키가 쇼핑 카드를 만들어 회원 등록을 하기를 바란다. '국면' 칸을 보면 '구매·가등록' 뒤에 '본등록' 과정이 있다. 회원 등록이 원활하게 진행되면 문제가 없지만, 본등록을 잊어버리는 경우도 적지 않다.

본등록을 하지 않으면 적립한 포인트를 사용할 수 없으므로 매장에서는 가등록을 한 회원에게 안내 메일을 보낸다. 여기서는 '메일을 받고 본등록의 필요성을 인지한다' 등의 행동을 추가할 필요가 있을 듯하다.

독창적인 국면을 생각한다

소비자가 인지와 구매에 어떻게 다다르는지 나타내는 행동 모형으로 이제까지 'AIDMA', 'AISAS', 'SIPS', 'DECAX' 등이 제안되었다.

이처럼 일반화한 행동 모형도 있지만, 이 책에서 설명하는 워크숍에서는 지도마다 독자적인 국면의 변천을 찾아내서 AIDMA나 AISAS 등의 **패턴으로 집약할 수 없는 고객 행동을 관찰**할 수 있다.

확산적으로 아이디어를 낸 3단계 후에 '우리 회사의 고객은 어떤 행동을 하고 상태가 어떻게 변화할까'를 참가자들이 상상해서 정리하는 단계다.

퍼실리테이션 팁

국면 나누기는 익숙하지 않으면 쉽지 않은 작업이다. 퍼실리테이터는 우선 서로 관련된 행동들을 정리하도록 지시하고, 다음과 같은 요령으로 진행한다.

- 관련된 행동을 그룹으로 묶고, 똑같은 내용의 포스트잇은 겹쳐서 정리한다.
- 국면의 이름은 행동을 대표하는 것이어도 좋고, '보통' '침착' '흥분' 등 심리적인 표현을 써도 좋다.
- 부족한 행동이나 국면이 있으면 여기서 추가한다.

고객 접점을 명확히 한다

고객이 이용하는 접점이란?

고객의 행동을 밝혀내고 나면 다음에 생각할 것은 고객이 이용하는 '접점'이다. 사람들은 다양한 접점을 통해 정보를 수집하고 의사결정을 내린다. 구체적으로는 TV 광고, 앱, 웹사이트, 매장, 친구나 SNS의 입소문, 가격 비교 사이트 등 실물과 디지털을 모두 포함한 매우 다채로운 접점이 존재한다.

'고객 접점' 칸에서는 '고객 행동' 칸을 보며 고객 시점에서 이용하는 접점을 모두 찾아낸다. 이디까지나 고객이 중심축이므로 **자기 회사가 제공하는 접점만 생각하지 않도록** 주의하자.

접점 기입의 예

접점은 고객 행동을 실현하는 수단이다. 페르소나인 스즈키의 접점을 생각해 보면, 스즈키가 눈에 띄는 아이템을 발견한 곳은 'SNS'였다. 웹사이트에 접속한 것은 '스마트폰'을 통해서였고, 회사 근처의 매장에 '도보'로 이동해서 '방문'했다. 옷을 산 후에는 다시 'SNS'에 접속해서 셀카를 올렸다.

이처럼 고객의 행동에는 항상 무언가 접점이 있다. 그 접점을 상상하며 '고객 접점' 칸에 적어 나가자. 한 행동에 여러 접점이 존재하는 경우도 있다.

국면	만남	정보 찾기		방문	시작	구매·가등록	승인 욕구	본등록	새로운 만남
고객 행동	SNS에서 팔로우하는 모델의 아이템이 눈에 들어온다	일반인의 코디도 확인	매장 위치를 검색한다	매장을 방문	시착해서 소재, 실루엣, 사이즈를 확인	원하던 옷을 구매	집에 가서 새 옷을 입는다	쇼핑 카드를 본등록, 주소 등의 상세 정보를 입력	뉴스레터를 받는다
	해시태그와 상품명으로 SNS 내 검색	브랜드의 온라인 쇼핑몰에 접속		점원에게 옷의 위치를 묻는다	온 김에 다른 옷도 시착	쇼핑 카드를 가등록해 포인트를 적립	셀카를 찍고 해시태그를 붙여 SNS에 올린다		새로운 브랜드와 직원 코디 사진의 존재를 안다
고객 접점									

접점 카드. 여러 접점이 존재하는 경우는 카드도 여러 장 배치한다.

▶ 접점 카드의 사용 예시. '고객 행동' 칸을 보며 그곳에 존재하는 접점을 접점 카드로 표현한다.

접점 카드를 활용하자

고객 접점을 생각할 때는 아래의 이미지와 같은 '접점 카드'를 활용하자. 노트북 컴퓨터, 스마트폰, TV, 전화, 이메일, 온라인 쇼핑몰, 검색, 매장, 자동차, 세미나, 광고, 포인트 등 B2C의 접점을 나타내는 다양한 기기와 도구를 아이콘으로 만든 것이다.

개별 카드에 이름은 없다. 가령 돈 모양의 아이콘은 '현금' '가상화폐' 등 참가자들이 자유롭게 의미를 부여해서 사용하면 된다. 필요한 접점 카드가 없는 경우는 포스트잇에 그림을 그려서 추가한다.

도구에 얽매이지 않고 자유로운 발상으로 워크숍을 진행하자.

접점에서 '괴리'가 보인다

접점 카드를 배치해 나가다 보면 기존에 파악하지 못했던 새로운 채널의 존재, 또는 이미 알고 있던 접점이라도 생각지 못했던 방법으로 이용되고 있다는 사실을 발견할 수 있다. 자사의 접점으로만 한정하지 않는 이유는 여기에 있다.

예시 속의 지도를 보면 SNS라는 하나의 채널이 고객의 국면과 행동에 맞춰 여러 역할을 담당함을 알 수 있다. SNS를 통한 소통이 부족하다면 과제 중 하나로 인식할 수 있다. **국면, 고객 행동, 고객 접점 칸을 오가며 관찰함으로써 접점 활용의 괴리와 단서를 발견하자.**

▶ 접점 카드는 도서 맨 뒤에 별지로 제공됩니다.

퍼실리테이션 팁

접점을 생각할 때는 카드에 없는 기기나 도구도 의식하며 자유로운 발상을 하자.

- 접점 카드는 발상을 넓히기 위한 것이다. 카드의 의미는 스스로 결정하면 된다. 부족한 카드가 있다면 추가한다.
- 접점은 고객의 시선에서 찾는다. 자신의 회사에 없는 접점도 포함시킨다.
- 'SNS'가 접점이라면 그것이 인스타그램인지 트위터인지도 명확히 밝힌다.

감정의 기복을 상상한다

긍정적이거나 부정적인 감정을 찾아낸다

고객 행동을 가시화하고 어떤 접점을 이용하는지 밝혀낸 후에는 그 배경에 있는 감정의 변화를 주목한다. 미디어와 기기를 통해 정보를 접하고 경험하는 가운데, 사람들은 거기에 대해 무언가 반응을 보인다. 그중 하나가 '감정 변화'다. '고객 접점' 칸의 아래에 있는 **'감정 변화'** 칸에는 페르소나의 감정 변화를 그려 나간다.

감정 변화는 정책을 생각할 때 단서가 된다. 이거 마음에 드네, 예쁘다, 불편해, 귀찮은데……. 이처럼 고객의 감정에 대해 상상력을 발휘하면 거기서 대응책에 대한 힌트를 얻을 수 있다. 부정적인 감정이 많이 발생하는 과정은 고객 경험을 개선하는 단서의 보물창고와도 같다. 감정이 들뜨고 긍정적으로 기울기 쉬운 과정이 있다면 그 요인을 강화해서 더 좋은 고객 경험을 이끌어낼 수 있을 것이다.

국면	만남	정보 찾기		방문	시작	구매·가등록	승인 욕구	본등록	새로운 만남
고객 행동	SNS에서 팔로우하는 모델의 아이템이 눈에 들어온다	일반인의 코디도 확인	매장 위치를 검색한다	매장을 방문	시착해서 소재, 실루엣, 사이즈를 확인	원하던 옷을 구매	집에 가서 새 옷을 입는다	쇼핑 카드를 본등록, 주소 등의 상세 정보를 입력	뉴스레터를 받는다
	해시태그와 상품명으로 SNS 내 검색	브랜드의 온라인 쇼핑몰에 접속		점원에게 옷의 위치를 묻는다	온 김에 다른 옷도 시착	쇼핑 카드를 가등록해 포인트를 적립	셀카를 찍고 해시태그를 붙여 SNS에 올린다		새로운 브랜드와 직원 코디 사진의 존재를 안다

▶ 감정 카드의 사용 예와 말풍선의 기입 예시. 고객 행동과 관련된 페르소나의 반응과 감정을 나타낸다. 가장 긍정적인 감정은 칸의 제일 윗부분에 표시하는 등, 감정의 오르내림을 의식하며 표현한다. 말풍선 모양 포스트잇에 대사를 적어 고객의 마음속 목소리를 표현하자.

감정 기입의 예

스즈키는 SNS를 보다가 눈에 띄는 아이템을 발견했다. 그때 스즈키의 기분은 매우 긍정적이다. 원하던 옷을 발견하고, 입어 보는 자신을 상상하며 즐거운 시간을 보내고 있다. 거기서 그 옷에 대한 정보를 찾아내려는 욕구가 생겨난다.

매장에 옷을 보러 가고, 마음에 들어서 바로 구매한다. SNS에 그 옷을 입은 자신의 사진을 올리고 친구들에게 '좋아요'를 받아 기분이 더욱 좋아진다. 그러나 여정 후반에 쇼핑 카드를 등록하는 단계에서 등록 과정이 번거롭다는 사실을 알고 불만을 품는다. 그전까지 긍정적이었던 기분이 단숨에 사그라들고 부정적인 기분으로 변화한다. 이 단계에서는 이런 감정 변화를 감정 카드로 가시화한다.

그리고 말풍선 모양 포스트잇에 '등록이 번거롭네'라는 마음속 목소리를 적어, 난처한 감정을 나타내는 아이콘 부근에 붙이자. 이렇게 하면 그저 난처하다, 화가 났다가 아니라 '이 기능이 사용하기 어려워서 난처하구나' '이런 정보가 있으면 다시 사용하고 싶어질지도 몰라'라는 부분이 명확해진다.

감정 카드를 활용하자

워크숍에서는 아래의 이미지와 같은 '감정 카드'를 사용해 고객의 다양한 감정을 표현한다. '감정 변화' 칸의 가운데에 점선을 긋고, 긍정적인 감정은 위쪽에, 중립적인 감정은 가운데에, 부정적인 감정은 아래쪽에 나타낸다.

▶ 감정 카드는 도서 맨 뒤에 별지로 제공됩니다.

퍼실리테이션 팁

감정 변화는 정책을 생각할 때 매우 중요한 요소다. 퍼실리테이터는 여정 전체를 바라보며 감정 기복의 균형을 생각해서 지시를 내린다.

- 긍정적인 감정은 위쪽 칸, 부정적인 감정은 아래쪽 칸에 배치한다.
- 부정적 감정으로만 여정을 그려내지 않도록 주의한다.
- 여정의 도착지는 웃는 얼굴이 되도록 한다. 만족스러운 고객 경험으로 끝나는 일을 목표로 삼는다. 그렇게 되지 못할 경우는 과제로 받아들인다.

대응책을 생각한다

기업의 시점에서 개선책을 생각한다

3단계부터 6단계까지는 고객의 입장에서 마치 자신이 페르소나가 된 듯 여정을 생각하는 과정이었다. '대응책' 칸에서는 기업의 시점에서 고객 경험을 어떻게 긍정적으로 만들 수 있을지 생각한다. 국면과 국면이 원활하게 연결되지 않는 부분, 행동이나 접점과 연동되어 감정이 부정적 또는 긍정적으로 변하는 부분, 접점이 충분하지 않은 부분에 대해 '우리는 어떻게 대응할 수 있을까?'를 생각한다.

감정이 부정적이라면 '어떻게 하면 긍정적인 감정으로 바뀔까?' 감정이 긍정적이라면 '어떻게 하면 고객이 더 좋아할까?'라는 시점에서 정책과 대응책의 아이디어를 내 보자.

대응책 기입의 예

ABC 의류의 통합 마케팅 본부가 검토한 대응책을 살펴보자. '방문' 국면에서 스즈키는 점원에게 SNS에서 본 옷이 어디 있는지 묻는다. 요즘은 이런 고객 행동을 예상할 수 있으므로 '브랜드를 좋게 생각하는 인플루언서나 SNS에서 인기 있는 아이템을 정기적으로 점원들과 공유한다'라는 대응책을 생각할 수 있다. 이렇게 함으로써 고객의 질문에도 "SNS에서 인기 있는 그 아이템이네요. 이쪽입니다."라고 대응할 수

있으므로 고객을 더 편하게 해 줄 수 있다. (대응책 기입의 예 ①)

또 회원 가등록에서 본등록에 이르는 국면에서는 '등록이 번거롭네'라는 이유로 스즈키의 감정이 크게 부정적으로 변한다. 사용자의 시점에서 보면 등록할 때 입력할 항목이 많아서 싫어진 것은 아닐까? 등록의 수고를 덜어 주면서 본등록을 하고 싶은 마음을 이끌어내도록 '지금 등록하면 100포인트 지급'이라는 안내를 보내는 방안도 생각할 수 있을 것이다. (대응책 기입의 예 ②)

'세로'와 '가로'로 보고 과제를 찾아낸다

7단계에서는 이제까지 '고객 행동' '감정 변화' 등 칸마다 완결한 내용을 종합해서 살펴봄으로써 과제를 발견한다. 그때 포인트는 **지도를 '세로'와 '가로'로 보는** 것이다.

국면 → 행동 → 접점 → 감정을 세로로 보면서 접점은 행동을 충분히 뒷받침하는지, 감정이 부정적으로 기울지는 않았는지 확인하고, 그 국면에 어떤 과제가 있는지 판단한다.

지도를 가로로 볼 때는 국면과 고객의 행동이 매끄럽게 흘러가는지, 그러기 위한 접점이 충분한지, 감정의 기복이 극단적인 부분이 없는지 관찰한다. 이렇게 해서 SNS와 웹사이트를

담당하는 팀이 매장으로 고객을 원활하게 유도하고 있는지 확인할 수 있다. 이런 관점을 가지게 되면 부문 간의 연계가 개선되고 고객의 시점에서 서비스가 일관적이라는 이미지가 생겨난다.

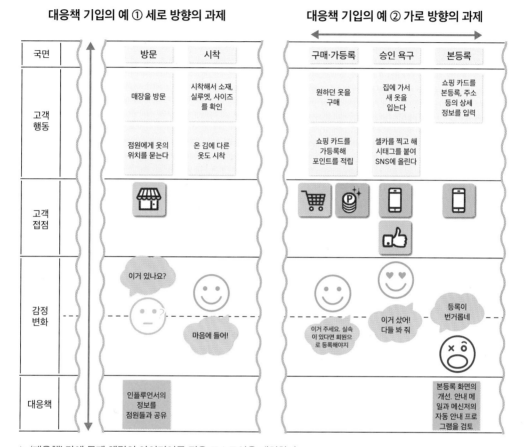

▶ '대응책' 칸에 문제 해결의 아이디어를 적은 포스트잇을 배치한다.

퍼실리테이션 팁

대응책을 생각할 때는 지도를 '세로'와 '가로'로 살펴본다.

- '세로'에서는 국면과 고객 행동, 접점, 감정이 한 세트로 기능하는지 판단한다.
- '가로'에서는 고객이 원활하게 다음 국면의 행동으로 이행할 수 있는지 판단한다.
- 고객의 감정이 부정적으로 변하는 부분, 접점이 없는 부분을 주목.
- '할 수 있는 일'이 아니라 '이렇게 하는 것이 고객을 위한 일이다. 그러니까 이렇게 하고 싶다.'라고 생각되는 내용을 쓴다.

시점을 바꾸어 아이디어를 추가한다

'와일드카드'로
새로운 시점을 도입한다

드디어 마지막 단계다. 여기까지의 작업을 통해 고객 여정 지도의 칸은 모두 찬 상태다. 각 단계에서는 아이디어를 축적하는 데에 주력하는 형태였는데, 마지막 단계에서는 완전히 다른 시점을 도입한다. **고객 여정을 다른 각도에서 바라보는 것이다.**

그러기 위해 여기서는 '**와일드카드**'를 사용한다. 와일드카드는 트럼프에서 만능에 가까운 카드로, 일반 카드와는 다른 역할을 한다. 이 책에서는 '이 사업으로 세계에 진출하려면 어떻게 하면 될까?' 또는 '브랜드에 대한 충성도가 압도적으로 높은 소비자의 수를 두 배로 늘리기 위해서는 어떻게 해야 할까?' 등 참가자들

이 전혀 예상하시 못한 질문이 적힌 카드다.

좁은 범위로 정리되면 의미가 없다

이렇게 엉뚱해 보일 수도 있는 질문을 추가하는 의도는 뻔한 전개를 무너뜨리는 것이다. '이 페르소나는 이렇게 행동하겠지' '이런 상황에 되면 누구라도 이렇게 생각할 거야'와 같이, 단계가 진행되면서 참가자들은 능숙하게 아이디어를 내게 된다.

그렇게 워크숍은 활기를 띠지만, 한편으로는 정해진 범위 내에서 생각하는 상태라고도 할 수 있다. 또 같은 부서 내에서 워크숍을 반복하면 아이디어가 평소 회의의 범주를 벗어나지 못하고, 이미 알고 있는 사실을 지도로 만드는 데에 그치기도 쉽다.

이 사업으로 세계에 진출하려면?	고객의 LTV (고객 생애 가치)를 두 배로 만들기 위해서는 어떻게 해야 할까?	5,000만 원의 예산이 생겼다. 무엇에 쓸까?

▶ 필자가 워크숍에서 사용하는 트럼프 크기의 '와일드카드.' 와일드카드의 질문에 대한 대답은 포스트잇에 적어서 지도 옆에 붙이자.

와일드카드는 이런 상황을 타개하기 위해 **평소에는 의식하지 않는 다른 각도에서 질문함으로써 시야를 넓히는 '두뇌 체조'와도 같은 것이**라고 생각하면 된다.

예를 들어 '마케팅 예산이 열 배로 는다면 어디에 쓸까?'라는 질문은 업계를 불문하고 적용할 수 있을 것이다. 이렇게 범용성 높은 질문뿐만이 아니라, 가령 여행 예약 서비스를 제공하는 회사라면 '앞으로 몇 년 후 해외여행자가 급증한다면 어떤 방안이 필요할까?'라는 카드를 사용함으로써, 듣고 보니 가까운 미래에 그런 일이 일어날지도 몰라, 지금부터 손을 쓰자…….라는 깨달음을 얻을 수 있다.

줄 수 있을 것이다.

시야를 넓히는 질문을 생각해 내기 위해서는 '혁신' '경쟁' '기회' '리스크' '시너지 효과' '글로벌'이라는 관점에서 생각하는 것이 좋다.

고객 여정 지도를 개발하는 작업 자체에, 평소처럼 기업의 시점이 아니라 '고객의 시점에서 생각한다'라는 전환이 있다. 그러나 이 단계에서 할 일은 그보다 조금 더 대담한 시점의 전환이다. 그러므로 와일드카드의 내용은 아주 대담한 발상으로 채워 보자. 와일드카드는 고객 행동, 고객 접점, 감정 변화를 생각하는 각 단계에서 아이디어가 떠오르지 않을 때도 효과가 있다.

독자적인 와일드카드를 만들자

이 장 마지막 부분의 칼럼에서는 와일드카드로 사용할 수 있는 질문의 예를 나열할 것이다. 이 질문들을 인쇄해서 와일드카드로 써도 좋고, 독자적으로 질문을 만들어도 워크숍에 활기를

퍼실리테이션 팁

와일드카드를 투입하는 방법은 다음과 같이 두 종류가 있다. 퍼실리테이터는 상황에 맞춰 두 방법 중 하나를 사용한다. 거기서 나온 아이디어는 잊어버리지 않도록 포스트잇에 적어 지도와 함께 보관한다.

- 카드를 여러 장 준비해 두고 참가자들에게 카드를 뽑게 한다.
- 퍼실리테이터가 지도의 내용에 맞춰 적절한 질문을 고르고 제시한다. '이 질문을 하면 다들 당황하겠지?'라는 관점으로, 핵심을 짚는 질문을 고르는 것이 딱 좋다.

워크숍이 끝난 후

지도를 보며 의견 교환하기

8단계를 거쳐 고객 여정 지도의 개발이 무사히 끝났다. 다만 이 책의 목적은 지도를 만든 후의 고객 경험 개선 및 혁신이다. 이제부터 가장 중요한 마무리 작업이 시작되는 것이다.

여기서는 참가자들끼리 지도를 보며, 어떤 발견을 했고, 어떤 과제가 있었고, 앞으로 어떤 일에 착수해야 하는지 등에 대해 자유롭게 의견을 교환하자. 워크숍 중에는 그다지 발언하지 않았던 사람이라도 무언가 생각이 있을 것이다. 퍼실리테이터는 한 사람 한 사람에게 발언 기회를 줘서 모두의 의견을 이끌어내야 한다.

다음 행동을 정하자

참가자들이 의견을 내고 나면 **그중에서 가장 중요하며 당장이라도 실천해야 할 사항을 찾아낸다.** ABC 의류에서는 지도의 '대응책' 칸에서 '인플루언서의 정보를 점원들과 공유' '여러 브랜드를 혼합한 스타일링을 추천'이라는 두 가지 행동을 취하기로 했다. 실천 사항을 결정하고 나면 누가 담당하고 언제 실행할지 정해서 선언한다.

이처럼 지도를 만들기만 하고 끝나지 않는다는 것이 이 워크숍의 중요한 부분이다. 참가자들이 행동을 정할 때 실행을 요구받는 것을 부담스럽게 느끼는 듯하다면, 퍼실리테이터는 '실행의 가능성을 탐색한다' '팀 내에서 아이디어를 골라낸다' '기획서에 포함시킨다' 등 당장 가능한 수준의 행동을 설정한다.

주제 자체의 난도가 높아서 워크숍 전체에서 의견이 그다지 나오지 않았다면 '다음은 이런 주제로 다시 한 번 해 봅시다' '다른 부서 사람들도 불러서 논의해 봅시다'라는 형태도 좋다. 이처럼 **행동으로 연결하는 일을 중시하자.**

지도를 기록해서 공유한다

마지막으로 지도를 공유가 가능한 상태로 기록해 두자. 참가자나 퍼실리테이터가 지도의 사진을 찍고, 페르소나 시트, 사용한 와일드카드, 대응책과 행동 등을 기록해서 참가자들 및 사내와 공유한다.

지도를 종이에 만든 경우는 사무실 벽에 붙이고, 참가하지 못한 사람들과 이야기하며 객관적인 의견을 들을 수도 있다. 한 번 개발해둔 지도는 귀중한 자료가 될 것이다.

B2C와 B2B의 접근법 차이를 배우자

이 장에서는 B2C 고객 여정 지도를 개발하는 법을 다루었다. B2C의 고객 여정은 다양해서 패턴을 만드는 일이 쉽지 않다고 할 수 있다. 반

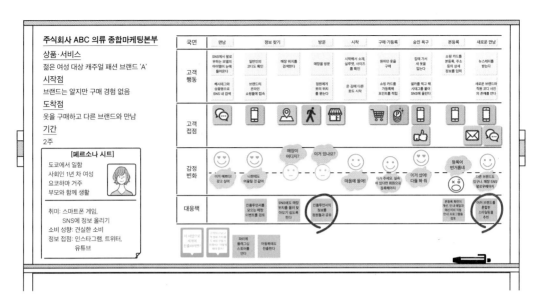

▶ '완성한 지도를 바탕으로 행동을 결정하자. 가장 중요한 과제, 아이디어, 정책에 빨간 매직으로 원을 그리고, 언제, 누가, 무엇을 실행할지 정한다. 행동은 당장이라도 실행이 가능한 수준으로 설정한다.

대로 다음 장에서 설명할 B2B의 고객 여정은 명확한 패턴이 존재한다. B2B의 페르소나는 B2C와 어떻게 다른지, 여정은 어떻게 진행되는지 살펴보고 배우자.

5장의 사례집에서는 B2C와 B2B 지도의 활용법을 소개할 것이므로, 실천에 더욱 유용한 단서를 발견할 수 있을 것이다.

퍼실리테이션 팁

지도 개발이 끝나면 퍼실리테이터는 '의견 교환' '다음 행동의 결정' '지도의 기록과 공유'라는 과정을 거쳐 워크숍을 종료한다.

지도를 완성하면 성취감이 있지만, 거기서 끝나지 않도록 종료 후에도 참가자들과 연락하는 것이 중요하다.

새로운 고객 여정은 지도를 만든 후에 시작되는 것이다.

B2C 고객 여정 지도 완성판

주식회사 ABC 의류 통합 마케팅 본부가 만든 지도의 주제

상품·서비스	20대 여성이 주요 타깃인 캐주얼 패션 브랜드 'A'
시작점	브랜드명은 들어 봤지만 구매한 적은 없고, 브랜드와 접점도 없는 상태
도착점	브랜드 A의 옷을 구매하고, 회사의 다른 브랜드 B와 긍정적인 접점이 있는 상태
기간	약 2주

국면	만남	정보 찾기		방문
고객 행동	SNS에서 팔로우하는 모델의 아이템이 눈에 들어온다 / 해시태그와 상품명으로 SNS 내 검색	일반인의 코디도 확인 / 브랜드의 온라인 쇼핑몰에 접속	매장 위치를 검색한다	매장을 방문 / 점원에게 옷의 위치를 묻는다
고객 접점	SNS의 상품 노출	모바일용 온라인 쇼핑몰		매장 · 점원
감정 변화	이거 예쁘다! 갖고 싶어	나한테도 어울릴 것 같아	매장이 어디지?	이거 있나요?
대응책	타깃층에 영향력이 있는 인플루언서를 포섭한다	인플루언서를 모으는 매장 이벤트를 검토	SNS에도 매장 위치를 올려 찾아오기 쉽도록 한다	인플루언서의 정보를 점원들과 공유

▶ '본문에서는 생략한 포스트잇도 여기서는 재현했다.

스즈키 유이

여성, 만 23세, 사회인 1년 차
연 수입 3,800만 원
가나가와현 요코하마시
아버지, 어머니, 남동생과 함께 생활

취미: 스마트폰 게임, SNS에 정보 올리기
휴일을 보내는 방법: SNS에 올리기 좋은 곳에 친구들과
　　　　　　　　　함께 가기
최근의 고민: 친구들이 바빠서 만나기 어려움
소비 성향: 견실한 소비
정보 접점: 인스타그램, 트위터, 유튜브

시착	구매·가등록	승인 욕구	본등록	새로운 만남
시착해서 소재, 실루엣, 사이즈를 확인	원하던 옷을 구매	집에 가서 새 옷을 입는다	쇼핑 카드를 본등록, 주소 등의 상세 정보를 입력	뉴스레터를 받는다
온 김에 다른 옷도 시착	쇼핑 카드를 가등록해 포인트를 적립	셀카를 찍고 해시태그를 붙여 SNS에 올린다		새로운 브랜드와 직원 코디 사진의 존재를 안다
	계산대에서 안내			
마음에 들어!	이거 주세요. 실속이 있다면 회원으로 등록해야지	이거 샀어! 다들 봐 줘	등록이 번거롭네	다른 브랜드도 있구나. 매장 SNS 팔로우해야지
시착해서 사이즈나 실루엣이 맞지 않을 때의 대응을 생각			본등록 화면의 개선. 안내 메일과 메신저의 자동 안내 프로그램을 검토	여러 브랜드를 혼합한 스타일링을 추천

와일드카드의 아이디어

워크숍의 마지막 단계에서 사용하는 '와일드카드'는 의외의 질문으로 아이디어를 이끌어내는 도구다. 필자가 개최하는 워크숍에서는 다음과 같은 질문을 준비해서 참가자들에게 던진다. 독자 여러분의 회사에서도 자유로운 발상으로 와일드카드를 만들어 실제 워크숍에서 활용해 보기 바란다.

● 예산·리소스
- 5,000만 원의 예산이 배정되었다. 무엇에 쓸까?
- 마케팅 예산이 절반으로 삭감되었다. 어떻게 할까?
- 어떤 기업이 보유한 데이터와 연계할 때 자신의 마케팅 활동에 가치가 창출될까?

● 시장·타깃
- 지금의 타깃과 반대 속성을 노리기 위해서는 무엇이 필요할까?
  (예: 젊은 층 → 노년층)
- 기업 임원 100명에게 판매하기 위해서는 어떻게 해야 할까?
- 사장이 올해의 방향은 AI 또는 IoT라고 한다. 무엇을 할까?

● 정책
- 어떻게 하면 수주 금액을 2배로 올릴 수 있을까?
- 제품 또는 서비스에 대한 느낌을 입소문으로 퍼뜨리기 위해서는 어떻게 해야 할까?
- 브랜드에 대한 충성도가 압도적으로 높은 고객의 수를 두 배로 늘리기 위해서는 어떻게 해야 할까?
- 기존에 없던 고객 접점을 추가한다면 무엇을 추가할까?

● 환경 변화·리스크
- 몇 년 후 저출산 고령화가 더욱 진행된다고 하자. 지금 취할 수 있는 대책은 무엇일까?
- 몇 년 후 외국에서 이주해 오는 사람들이 급증한다고 하자. 지금 취할 수 있는 대책은 무엇일까?
- 규제가 완화되어 저렴하고 품질이 높은 수입품이 다량으로 유입되었다고 하자. 어떻게 할까?
- 3년 내로 대규모 지진이 발생할 확률이 80%라는 예측이 나왔다. 그때를 대비해 어떤 준비를 할까?

CHAPTER

4

지도를 만들어 보자
[B2B편]

고객 여정 지도 개발의 흐름

B2B 고객 여정 지도의 개발

기업 고객을 대상으로 한 비즈니스, B2B의 고객 여정 지도도 8단계를 거쳐 작성한다. 아래의 단계 일람을 보면 B2C 지도 개발과 거의 똑같고 개발 과정은 '입력'과 '출력'으로 나뉜다.

우선 1단계와 2단계에서 주제와 페르소나의 설정이라는, '지도 개발에 필요한 정보'를 입력한다. 3단계에서 5단계까지는 고객의 관점에서 각 칸을 채운다. 그리고 6단계에서 8단계는 다시 회사의 시점으로 돌아가 지도를 바라보며 새로운 정책과 아이디어를 내놓는다. 3장의 B2C 지도 개발과 다른 점은 5단계와 6단계의 순서가 바뀌었다는 것이다.

이 장에서는 클라우드 고객관리 툴을 제공하는 기업 Sales Growth의 마케팅부와 판매부가 고객 여정 지도를 그린다고 가정하고, B2B 지도의 작성 단계를 설명하겠다. 대상 페르소나는 스마트폰 앱 제작 회사의 영업 책임자로 설정했다. 여정은 페르소나가 고객 관리에 대한 과제를 받는 데에서 시작해 Sales Growth의 고객 관리 툴과 만나 이용을 시작하는 것이다. 도착점은 툴의 활용 성과가 나타나는 것이다. 이 예시를 참고해 자신의 회사의 상황과 비교하며 워크숍을 진행해 나가사.

고객 여정 지도 개발의 8단계

입력	1단계	주제를 정한다	지도에서 다룰 제품 또는 서비스, 여정의 시작점과 도착점, 기간을 설정한다.
	2단계	페르소나를 제작한다	대상 고객의 모습을 명확히 한다.
출력 · 고객 시점	3단계	행동을 구체적으로 찾아낸다	고객이 여정의 시작점에서 도착점까지 어떤 행동을 취할지 모두 명확히 찾아낸다.
	4단계	행동을 국면으로 나눈다	찾아낸 다양한 행동을 그룹으로 분류한다
	5단계	감정의 기복을 상상한다	'기쁘다' '난처하다' '좋다' 등 고객의 기분 변화를 파악한다.
출력 · 기업 시점	6단계	고객 접점과 자사의 행동을 명확히 한다	고객이 이용하는 문의 방법이나 영업 담당자와의 접점, 거기에 대응하는 자사의 활동을 자세히 밝힌다
	7단계	대응책을 생각한다	지도의 전체 모습을 보고 과제와 개선이 가능한 부분을 검토한다.
	8단계	시점을 바꾸어 아이디어를 추가한다	고객 여정 전체를 다른 각도에서 다시 바라보고 새로운 정책의 아이디어를 찾아낸다.

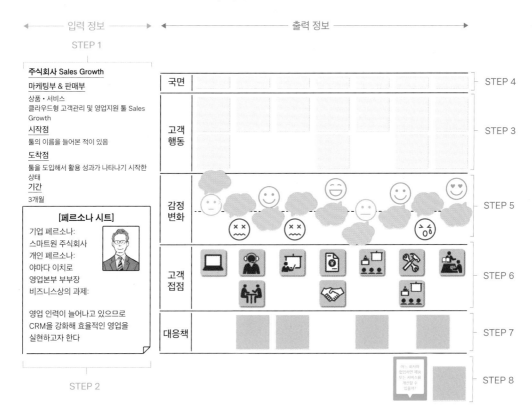

▶ '예시를 위한 가상의 기업.

고객 여정 지도와 각 단계

주제를 정한다

고객 여정 지도에 그릴 내용을 설정한다

첫 단계에서는 고객 여정 지도가 대상으로 삼는 범위, 즉 스코프와 주제를 결정한다. 우선 회사의 어느 제품 또는 서비스를 바탕으로 지도를 그릴 것인지 정하자. 다음으로 고객 여정의 '시작점'과 '도착점'으로서 여정이 시작될 때 페르소나의 상태와 끝났을 때의 상태를 정의한다. 상태란 제품에 대한 인지 상황이나 구매 경험, 호감도 등 고객으로서의 상태를 뜻한다. 나아가 시작점에서 도착점까지의 '기간', 다시 말해 그 상태 변화가 일어나기까지의 시간 길이를 정해서 여정의 대전제를 설정한다. **이러한 주제 설정은 지도의 토대가 되며, 이후 모든 단계에 영향을 미친다.**가장 중시하고자 하는 고객 경험이 포함된 스코프를 설정하고 내용을 적어둔다.

제품 또는 서비스를 정하는 방법

B2B에서는 구매하고자 하는 상품이 확실한 경우가 많을 것이다. 구체적인 제품 또는 서비스로는 '각종 기기의 임대' '클라우드 서비스' '사무실용 냉온수기' 등 법인에 편리성을 제공하는 것을 생각할 수 있다.

또 완성되지 않은 프로젝트 단계의 제품 또는 서비스라도 주제로 설정해서 문제점을 찾아낼 수 있다.

시작점과 도착점을 결정하는 법

시작점과 도착점에는 주인공인 기업과 그 중심 인물이 처음에는 이런 상태였다가 최종적으로 이런 상태가 된다는, 목표로 삼을 상태를 설정한다.

시작 지점에서는 예를 들어 '부서 내에서 적

기업명 · 부서명	회사 이름, 자신이 소속된 부서의 이름	예) 주식회사 Sales Growth 마케팅부 & 판매부
제품 · 서비스	여정의 대상인 자사의 상품	예) 클라우드형 고객관리 및 영업지원 툴
시작점	여정이 시작될 때 고객의 상태	예) 영업의 고객관리 상황에서 과제를 발견하고, 툴 이름을 들어본 적이 있는 상태
도착점	여정이 끝났을 때 고객의 상태	예) 툴을 도입한 후 능숙하게 사용하며 성과를 얻은 상태
기간	시작점에서 도착점까지의 기간	예) 3개월

▶ '고객 여정 지도의 주제와 기입의 예

절한 정보 공유가 이루어지지 않아 어려움을 겪고 있다' '증가하는 고객 데이터를 효율적으로 보관하고 활용할 방법을 모색하고 있다' '사무실이 비좁아져서 이사할 곳을 찾고 있다' 등을 생각할 수 있다. 이처럼 **B2B에서는 무언가 과제가 존재하는 상태에서 여정이 시작되는 일이 많다.**

도착점은 '정보 공유 서비스를 도입해 프로젝트의 상태가 가시화되었다' '고객 관리의 효율이 높아져 연간 매출이 10% 늘었다' '적절한 물건을 찾아 계약과 이사 준비가 끝났다' 등이 된다. 도착점의 상태는 가능하다면 **시작점과 비교할 때의 변화를 수치로 나타낼 수 있도록 정의하자.**

시작점과 도착점의 상태로 정의할 항목의 예

기업의 인지도/기업에 대한 호감도/비즈니스 과제/구매 경험/구매 또는 이용 빈도/연간 구매 또는 이용 금액/활용 성과/NPS(고객 추천도)

기간을 정하는 방법

시작점에서 도착점까지의 기간은 고객의 상태가 변화할 때까지 걸리는 시간을 기입한다. 시작점의 '툴의 이름을 들어본 적이 있는 상태'에서 도착점의 '툴을 도입한 후 사내에서 활용 성과가 나타나는 상태'까지 '3개월'이 걸릴 듯하다면 그 3개월을 기간으로 설정한다.

제품의 구매 주기나 이용 기한 등을 참고해 현실적인 기간을 설정하자.

고객 데이터를 관리하고 활용할 수 있는 방법이 없을까?

퍼실리테이션 팁

퍼실리테이터는 다음과 같은 점을 유의하며 참가자들을 유도해 주제를 설정한다.

- B2B에서 페르소나는 무언가 과제가 있는 상태에서 시작하고, 해결책을 찾아 그 과제가 해소된 상태가 도착점이 되는 경우가 많다.
- 기간 내에 고객의 상태가 몇 개의 단계를 거쳐 변화하는 것이 중요하다. 5단계 정도가 이상적이다.
- 시작점에서 도착점까지의 상태 변화를 수치로 나타낼 수 있도록 한다.

페르소나를 설정한다

주요 타깃을 정한다

이 단계에서는 고객 여정 지도의 주인공이 될 주요 타깃의 인물상, 즉 페르소나를 명확히 한다.

B2B에서는 제품 또는 서비스를 사용해 주기를 바라는 주요 타깃인 '기업'과, 그 기업에 소속된 '개인'이라는 두 가지 페르소나를 기술한다. 이 책이 제공하는 페르소나 시트를 미리 인쇄해서 아이디어를 내 보자.

페르소나 시트는 크게 세 부분으로 나뉜다. '기입 페르소나'에 필요한 정보는 기업명, 업종, 상품, 매출 규모, 업계/시장 트렌드, 직원 수, 기업 분위기 등이다.

'개인 페르소나'에는 실제로 접촉하는 기업 담당자 개인의 정보를 기입한다. 이름, 부서/직책, 결제가 가능한 예산, 팀의 크기, 비즈니스 목표, 비즈니스상의 과업, 상품에 관한 지식 등이다. '상태 자유기술'에는 그 기업이 놓인 환경과 비즈니스상의 과제의 상세한 내용 등을 기입한다.

페르소나 기입의 예

Sales Growth의 마케팅부와 판매부의 멤버들이 페르소나로 설정한 것은 스마트폰 사이트 제작 회사 '스마트원 주식회사'의 영업본부 부부장 '야마다 이치로.' 개인 페르소나는 일러스트로도 표현하자.

퍼실리테이션 팁

개인 소비자를 대상으로 하는 B2C와는 달라서 페르소나의 이미지가 잘 나오지 않는 경우가 있다. 여기서는 퍼실리테이터가 노력해야 한다.

- 워크숍 중에는 '야마다 씨' 등 페르소나의 이름을 말하며 대화하도록 유도한다.
- 실제로 있는 기업이나 인물을 페르소나로 설정하면 발상이 제한되기 때문에 피해야 한다.
- 페르소나 개발 과정에서 고전할 것이 예상되는 경우, 워크숍 전에 페르소나에 대해 생각할 시간을 따로 마련한다.

B2B 페르소나 시트

상품 구매를 가장 바라는 주요 타깃

기업 페르소나		개인 페르소나	
기업명	스마트원 주식회사	**중심 인물의 이름**	야마다 이치로
업종	스마트폰 사이트 제작 회사	**부서/직책**	영업본부 부부장, 만 36세
상품	스마트폰 사이트, 콘텐츠, 동영상 제작 서비스	**결제 가능한 예산**	3,000만 원
		팀의 크기	10명
매출 규모	연 100억 원	**비즈니스 목표(장기/중단기)**	
업계/시장 트렌드	연간 10~15% 성장	전년 대비 +15% 달성	
직원 수 40명 **결산월** 3월		**비즈니스상의 과제**	
기업 분위기(전통적/보수적/혁신적/유연함 등)		영업 인력이 증가해 고객관리가 어려워졌다	
젊고 도전정신이 왕성한 기업문화		**상품에 대한 지식**	
		제품명을 들어본 적이 있는 정도	

상태 자유기술

업계에서의 지위와 점유율

작지만 의욕 있는 신진 기업으로 인지도를 높이고 있다.

페르소나의 경력

영업 분야의 경력이 길고, 성과를 올리는 데에 능숙하다. 경영진과 부하 직원들의 신뢰가 두텁다.

과제의 상세한 내용

고객 정보를 표 계산 소프트웨어로 관리해 왔는데 한계를 느끼고 있다.

고객 정보의 수집도 영업에 따라 차이가 있어서 매출의 예측이 어려운 상황이다.

안건이 늘어나는 한편으로 고객에 대한 영업 대응과 매출 예측이라는 양쪽에 과제가 존재한다.

영업 인력도 증원되었기 때문에 영업/판매 상황의 가시화가 급선무다.

▶ B2B페르소나 시트의 기입 예시.

15 min.

행동을 구체적으로 찾아낸다

페르소나의 행동을
생각나는 대로 모두 쓴다

전제 정보의 '입력'이 끝나고 드디어 이제부터 지도를 그리는 '출력' 작업이 시작된다. 처음에 착수할 부분은 위에서 두 번째에 있는 '고객 행동' 칸이다. 이 부분에는 시작점에서 도착점에 이르기까지 고객이 어떤 행동을 할지 생각나는 대로 써 나간다. '**고객 행동**' 칸은 넓게 잡아 두고, 참가자들에게 포스트잇을 충분히 나눠 주자.

고객 행동을 써 나가는 요령은 시작점에서 도착점까지 행동을 순서대로 채우기보다, 1단계에서 정한 '시작점'과 '도착점'의 상태를 맨 처음에 쓰고 그 사이를 대강 매우는 것이다. 똑같은 아이디어가 나와도 괜찮다. **우선 행동을 최대한 많이 쓰게 하고, 포스트잇을 정리하는 일은 다음 단계에서 한다.**

행동 기입의 예

기업 페르소나인 스마트원은 스마트폰에 최적화한 사이트를 구축하고자 하는 기업들의 니즈가 큰 덕분에 작은 회사임에도 급성장했다. 야마다는 스마트원의 영업본부 부부장으로 10명의 부하 직원을 두고 있는데, 표 계산 소프트웨어로 고객을 관리하는 데에 한계를 느끼고 있다. 부하 직원이 늘어난 것은 고맙지만 담당자마다 고객 정보와 정리 방법이 달라서

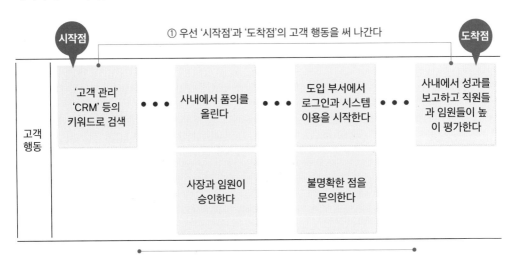

① 우선 '시작점'과 '도착점'의 고객 행동을 써 나간다

시작점 ▶ 도착점

| 고객 행동 | '고객 관리' 'CRM' 등의 키워드로 검색 | 사내에서 품의를 올린다 | 도입 부서에서 로그인과 시스템 이용을 시작한다 | 사내에서 성과를 보고하고 직원들과 임원들이 높이 평가한다 |
| | | 사장과 임원이 승인한다 | 불명확한 점을 문의한다 | |

② '시작점'과 '도착점' 사이를 메우는 행동을 쓴다

▶ 고객 행동의 대략적인 기입 예시. '고객 행동' 칸의 포스트잇 공간은 두 줄을 확보해 둔다.

매출 성장의 기회를 놓치고 있는지도 모른다는 위기감이 있다.

야마다는 바쁜 중에도 시간을 내서 '고객관리' '영업지원' 'CRM'이라는 키워드로 검색해 정보를 수집한다. 이것이 여정의 시작점이다. 그 후 Sales Growth의 고객관리 툴을 발견하고 도입한 후, 고객 정보의 관리와 데이터 분석이 개선된다. 도착점은 야마다가 사내에서 성과를 발표하고 윗사람들에게 좋은 평가를 받는 것이다.

퍼실리테이터는 "자신이 페르소나가 되었다고 생각하고 행동을 적어 보세요."라고 조언한다. 그러나 그 방법으로 상상을 이끌어낼 수 없을 경우 "그 사람의 신뢰를 얻기 위해서는 어떻게 해야 할까요?" "그 사람을 고객으로 만들기 위해서는?" 하는 식으로 보충해서 상상을 유도한다.

B2B 고객 여정의 표준적인 흐름

B2B의 고객 여정에는 정형화된 흐름이 있다. 그 부분이 B2C와의 큰 차이다. 페르소나는 무언가 과제가 있고, 그 과제를 해결하기 위해 정보를 찾고, 해법을 선정한다. 자료를 다운로드하거나 세미나 또는 견본시장 등에 참가하며 선택지를 좁히고, 최종적으로 회사 몇 곳에 연락해 영업 담당자와 만나고, 자신이 원하는 효과가 있는지, 요금은 적당한지 검토한다. 그리고 사내 품의를 거쳐 발주와 계약에 다다른다는 흐름이다.

이 예시와 같은 고객관리 툴의 경우, 도입이 결정되고 실행되는 일이 도착점이 아니다. 도입후 고객 데이터를 그 툴에 적용해서 일해 보고 불편한 점이 없는지 확인한다. 또 사내 설명회를 열거나 문제를 해결하며, 안심하고 사용할 수 있는 체제를 구축할 필요가 있다. 이런 활동을 거쳐 비로소 야마다의 과제가 해결되고, 소속 부서에서도 숫자라는 형태로 성과가 눈에 보이는 것이다.

퍼실리테이션 팁

이 단계에서는 확산적으로 아이디어를 낸다. 포스트잇에 쓴 아이디어가 많으면 많을수록 다음 단계가 원활하게 진행된다.

기업에 따라서는 여정의 각 단계마다 담당 부서가 달라지는 경우가 있다. '잠재적 고객에 대해서는 모름' '고객지원에 대해서는 잘 모름' 등 자신의 담당 업무 외의 부분에 대해서는 정보가 부족한 경우가 많은데, '우리가 모르는 부분이 있다'라는 사실을 인식하는 일도 중요하다.

행동을 국면으로 나눈다

고객 행동을 그룹으로 묶는다

앞 단계에서 포스트잇에 써 내려간 수많은 고객 행동을 여기서 정리한다. 내용이 같은 것은 서로 겹치며 포스트잇을 솎아내서 그룹으로 나누자. 전체를 몇 개의 그룹으로 분류하고 나면 **'국면'** 칸에 각각 이름을 붙인다.

'고객 행동' 칸에 붙인 행동 하나하나를 나타내는 포스트잇이 '점'이라면, 그 점을 대강 분류해 여정 전체의 큰 흐름을 파악할 수 있다. 여정 속에서 어떤 국면 변화가 있는지 정리해 나가자.

행동 분류의 예

페르소나인 야마다는 처음에 자신의 부서의 과제에 대한 해법을 찾기 위해 키워드 검색을 실시했다. 이것은 '정보 찾기' 국면이다. 검색 결과에서 마음에 드는 툴을 발견한 후 그 회사의 웹사이트에 가서 더 자세한 정보를 확인한다. 이런 사이트에서는 그 회사의 서비스나 툴을 실제로 도입한 기업의 사례를 공개하거나, PDF로 된 자료를 다운로드할 수 있도록 한다.

야마다가 결제할 수 있는 예산은 3,000만 원이다. 이 예산의 범위에 들어맞을 것으로 예상되지만, 야마다 혼자만의 판단으로 도입을 결정할 수는 없다. 사내 IT 담당자 및 상사와 의논하는 동시에 Sales Growth의 고객지원 체제에 대해서도 정보를 수집한다. 이것이 '비교•검토' 국면이다.

그 후 여러 기업 중에서 Sales Growth에 문의한 야마다는 영업 담당자를 실제로 만나 툴의 세부를 이해하고 도입 요건과 금전적인 조건을 맞춰 나간다. 이것이 '교섭' 국면이다. 야마다의 여정은 그 후 '사내 조정' '발주•계약' '도입 준비'를 거쳐 진행된다.

국면	정보 찾기	비교•검토	교섭	사내 조정	발주 • 계약	도입 준비	이용 개시	활용	활용 성과
고객 행동	'고객 관리' 'CRM' 등의 키워드로 검색	자료를 바탕으로 기능과 요금을 비교 및 검토	툴에 대한 이해를 넓히고 활용에 대해 상상한다	사내 품의를 올린다	견적서를 확인하고 발주서를 제출	관리자를 배정한다	도입 부서에서 로그인과 시스템 이용을 시작한다	활용의 발전을 확인한다	영업의 효율 상승이라는 성과가 눈에 보인다
	여러 회사의 웹사이트를 보고 자료를 다운로드	후보를 좁혀 문의	요건을 명확히 하고 금액과 조건을 교섭	사장과 임원이 승인한다	이용 계약	사내 설명회를 열고 담당자 교육을 시작한다	불명확한 점을 문의한다	트러블슈팅 실시, 활용 세미나 참가	사내에서 성과를 보고하고 직원들과 임원들이 높이 평가한다

▶ 국면 나누기의 예시. 같은 종류의 행동을 그룹으로 묶고 '국면' 칸에 이름을 기입한다.

빠진 행동과 국면을 찾아낸다

행동을 분류해 나가다 보면 고객은 이런 행동도 취할 것이라는 생각이 들거나, 또는 국면과 국면 사이에 또 하나의 단계가 존재함을 발견하게 된다.

Sales Growth사의 영업 담당자는 계약 후 당장이라도 이용을 시작하기를 바란다. 그러나 '국면' 칸을 보면 '이용 개시' 전에 '도입 준비'가 있다. 야마다는 툴의 관리자를 결정하고, 사내에 고지해서 직원들과 팀의 교육을 시작해야 한다.

이 단계에서는 '점'에 해당하는 고객 행동을 찾아낼 때는 알아차리지 못했던 **커다란 국면의 흐름을 파악**하고, **빠진 국면을 발견할 수 있다.**

B2B 국면의 특징

B2B의 경우, 담당자는 개인이지만 그 개인은 기업을 대표해서 행동한다. 기업과의 접점은 B2C의 경우와 달리 한정되어 있고, 수주에 이르는 과정도 정형화되어 있다. 상부에 직접 영업해서 '정보 찾기'나 '비교·검토' 국면을 건너뛰고 수주가 결정되는 경우도 있을 수 있지만, 그 외에는 과제를 해결할 수단을 찾는 '정보 찾기'부터 시작하는 경우가 많다.

기업의 담당자들은 키워드로 검색하거나, 백서를 다운로드하거나, 세미나 동영상을 보는 등 인터넷을 능숙하게 활용해서 정보를 수집한다. 그러므로 B2B 마케팅 담당자는 고객과 직접 만나는 과정에 다다를 수 있도록, 검색 결과를 상위에 표시하고 많은 기업 담당자가 관심을 가질 만한 성공 사례를 공개할 수 있어야 한다.

퍼실리테이션 팁

퍼실리테이터는 우선 관련된 행동들의 포스트잇을 정리하도록 지시하고, 다음과 같은 부분도 기억한다.

- 관련된 행동을 그룹으로 묶고, 똑같은 내용의 포스트잇은 겹쳐서 정리한다.
- B2B에서는 '정보 찾기' '비교·검토' '계약' 등 서로 비슷한 국면을 거치는 일이 많다.
- 부족한 행동이나 국면이 있으면 추가하도록 권한다.

감정의 기복을 상상한다

긍정적이거나 부정적인 감정을 찾아낸다

B2C에서는 이 5단계에서 '고객 접점'을 찾지만, B2B에서는 고객의 '감정 변화'를 먼저 생각한다. B2B에서는 접점이 한정되어 있고 여정의 흐름도 정형화되어 있어서, 그 틀에 맞추면 지도에서 발견할 수 있는 것의 범위가 좁아지기 때문이다.

B2B의 여정은 '매출이 상승하지 않음' '인력이 부족해서 어려움을 겪고 있음' '사무실을 더 쾌적하게 만들고 싶음' 등의 과제 때문에 부정적인 감정을 느끼는 상태에서 시작하는 경우가 많이 관찰된다. 그것을 긍정적인 상태와 감정으로 바꾸기 위해 이 과정에서는 **고객이 무엇을 느끼고 어떤 과제에 직면했는지에 초점을 맞춘다.**

감정 기입의 예

여정의 주인공인 야마다의 감정 변화를 생각해보자. 야마다가 고객관리와 영업의 현 상태에서 과제를 발견하고 해결책을 찾는 데에서 여정이 시작된다.

야마다는 정보 찾기를 시작하고 나서 무엇이 회사에 적합한 툴일지 판단하지 못해 고민한다. 이런 감정을 '감정 카드'로 표현하고, 말풍선 모양의 포스트잇에 야마다의 마음속 목소리를

국면	정보 찾기	비교·검토	교섭	사내 조정	발주·계약	도입 준비	이용 개시	활용	활용 성과
고객 행동	'고객 관리' 'CRM' 등의 키워드로 검색	자료를 바탕으로 기능과 요금을 비교 및 검토	툴에 대한 이해를 넓히고 활용에 대해 상상한다	사내 품의를 올린다	견적서를 확인하고 발주서를 제출	관리자를 배정한다	도입 부서에서 로그인과 시스템 이용을 시작한다	활용의 발전을 확인한다	영업의 효율 상승이라는 성과가 눈에 보인다
	여러 회사의 웹사이트를 보고 자료를 다운로드	후보를 좁혀 문의	요건을 명확히 하고 금액과 조건을 교섭	사장과 임원이 승인한다	이용 계약	사내 설명회를 열고 담당자 교육을 시작한다	불명확한 점을 문의한다	트러블슈팅 실시, 활용 세미나 참가	사내에서 성과를 보고하고 직원들과 임원들이 높이 평가한다
감정 변화	긍정적인 감정 / 부정적인 감정 — 뭐가 좋을지 고민되네 · 좋은 툴 없을까?	잘 활용할 수 있을까?	이게 좋아 보여, 써 보고 싶네 · 더 싸게 안 될까? · 품의서 준비가 힘들어	품의가 통과됐다! 시작해 볼까! · 이해를 얻을 수 있을까		사내에서 설명하는 게 큰일이네	드디어 런칭이다. 두근두근	사용법을 모르겠어…	영업 성과가 가시화됐어! · 사장님께 칭찬받았어! (감정 카드는 중앙의 점선(중립적 감정)을 기준으로 배치한다.)

▶ 감정 카드의 사용 예와 말풍선의 기입 예시. 고객 행동과 관련된 페르소나의 반응과 감정을 나타낸다. 말풍선 모양 포스트잇에 대사를 적어 고객 마음속의 긍정적인 목소리와 부정적인 목소리를 모두 표현하자.

적어서 난처한 감정을 나타내는 아이콘 옆에 붙이자.

Sales Growth에 문의하면서 그때까지 느끼던 불안이 해소되고 '써 보고 싶다'라는 의욕이 높아진다. 여기서 감정은 긍정적으로 기운다. 그 후 품의를 올리기 위한 자료의 작성이 생각보다 힘들어서 고생하기도 하고, 도입 후에는 사용법을 잘 몰라 당황하기도 한다. 그러나 최종적으로는 툴 도입의 성과를 인정받아 감정은 매우 긍정적으로 변화한다.

감정 카드를 활용하자

워크숍에서는 아래의 이미지와 같은 '감정 카드'를 사용해 고객의 다양한 감정을 표현한다. 우선 '감정 변화' 칸의 가운데에 점선을 그어 위아래로 나눈다. 이 선을 기준으로 긍정적인 감정은 위쪽에, 중립적인 감정은 가운데에, 부정적인 감정은 아래쪽에 나타낸다.

감정이 고양되거나 가라앉는 것을 알 수 있도록 칸 속의 위치를 고려하자. 여정의 도착점은 웃는 얼굴이 되도록 한다. 만족스러운 고객 경험으로 끝나는 일을 목표로 삼아 작업을 진행한다.

퍼실리테이션 팁

B2B의 경우 고객의 감정을 생각하는 일 자체를 어려워하는 사람도 많을지 모른다. 퍼실리테이터는 다음과 같은 점을 주의하며 아이디어를 이끌어낸다.

- "자신이 페르소나가 되었다고 생각해 보세요."라고 말하기보다 "이런 타입인 사람은 이렇게 생각하지 않을까요?"라고 질문한다.
- '이 웹사이트는 보기가 힘드네'와 같은 부정적인 목소리로만 기울지 않도록 한다.
- '기쁘다' '난처하다' 등의 감정뿐만이 아니라 구체적으로 '요금이 1,000만 원 이상이어도 품의가 통과될까?' 등의 목소리를 적어 두면 대응책의 단서를 발견하기 쉽다.

고객 접점과 자사의 행동을 명확히 한다

15 min.

고객 접점과 자사의 행동을 구체적으로 찾아낸다

5단계까지는 고객의 입장에서 생각했지만 6단계는 고객의 시점과 자신의 회사의 행동을 서로 대응시킨다. 구체적으로는 고객이 사용하는 웹사이트나 컴퓨터 등 도구가 매개가 되는 접점과, 회사의 영업 담당자나 서비스 담당자의 대응 등 사람이 매개가 되는 접점을 생각한다.

B2B 여정은 과제 해결 행동에서 시작된다. 해결 방법을 찾기 위해 인터넷에서 정보를 검색하고, 눈에 띄는 제품이나 서비스를 발견하면 그 회사의 웹사이트에 있는 양식을 통해 문의한다. 또는 자료를 다운로드할 때 입력한 전화번호로 연락을 받는다.

그 후 담당자 개인에서 기업 대 기업의 관계로 변화해, 고객에게 대응하는 영업 담당자와 서비스 담당자 등이 창구가 되어 고객 접점의 역할을 한다. '고객 접점' 칸을 채울 때 퍼실리테이터는 이런 점을 염두에 두고 참가자들에게 조언한다.

국면	정보 찾기	비교·검토	교섭	사내 조정	발주·계약	도입 준비	이용 개시	활용	활용 성과
고객 행동	'고객 관리' 'CRM' 등의 키워드로 검색	자료를 바탕으로 기능과 요금을 비교 및 검토	툴에 대한 이해를 넓히고 활용에 대해 상상한다	사내 품의를 올린다	견적서를 확인하고 발주서를 제출	관리자를 배정한다	도입 부서에서 로그인과 시스템 이용을 시작한다	활용의 발전을 확인한다	영업의 효율 상승이라는 성과가 눈에 보인다
	여러 회사의 웹사이트를 보고 자료를 다운로드	후보를 좁혀 문의	요건을 명확히 하고 금액과 조건을 교섭	사장과 임원이 승인한다	이용 계약	사내 설명회를 열고 담당자 교육을 시작한다	불명확한 점을 문의한다	트러블슈팅 실시, 활용 세미나 참가	사내에서 성과를 보고하고 직원들과 임원들이 높이 평가한다

감정 변화

- 좋은 툴 없을까?
- 뭐가 좋을지 고민되네
- 이게 좋아 보여. 써 보고 싶네
- 잘 활용할 수 있을까?
- 더 싸게 안 될까?
- 품의서 준비가 힘들어
- 품의가 통과됐다! 시작해 볼까!
- 이해를 얻을 수 있을까
- 사내에서 설명하는 게 큰일이네
- 드디어 런칭이다. 두근두근
- 사용법을 모르겠어…
- 사용 성과가 가시화됐어!
- 영업 성과가 가시화됐어!
- 사장님께 칭찬받았어!

고객 접점

- 검색엔진 관리
- PDF 제공
- 전화
- 방문·회사 소개
- 회사의 행동
- 사례를 통한 가치 제안
- 니즈, 요건 확인
- 가격 제안
- 서비스 내용, 가격의 합의
- 설명회 지원
- 초기 설정 지원
- 활용 세미나
- 트러블슈팅 지원
- 이용 상황 확인, 만족도 조사
- 접점 카드

▶ 접점 카드와 회사 행동 기입의 예시. 고객이 이용하는 접점을 나타내는 접점 카드를 배치하고, 그 아래에 회사의 행동을 쓴 포스트잇을 붙인다.

'고객 접점' 칸의 사용법

고객관리 툴을 찾는 스마트원의 야마다의 접점과, 거기에 대응하는 Sales Growth의 행동을 생각해 보자. 야마다는 좋은 솔루션을 '검색'하고, 참고할 수 있는 'PDF'를 다운로드한다. 그후 Sales Growth의 영업 담당자가 야마다에게 '전화'를 해서 영업 담당자의 방문이 결정된다. 그 다음에는 영업 담당자가 야마다를 '방문'하고 '가치 제안'을 한다. 그 과정에서 툴의 '가격 제안'이 이루어지고 스마트원의 사내 품의가 진행된다.

이처럼 고객의 행동에 맞춰 거기서 이용하는 도구 등의 접점을 배치해 나간다. 그리고 거기서 **자신의 회사가 어떻게 대응할지 상상하며 포스트잇에 적는다.**

접점 카드를 활용하자

'고객 접점' 칸에서는 이 책이 제공하는 '접점 카드'(※)를 활용하자. 노트북 컴퓨터, 스마트폰, 전화, 이메일, 웹사이트, 검색, 견적, 세미나, 프레젠테이션, 미팅, 계약 등 B2B의 접점과 행동을 나타내는 다양한 모습을 아이콘으로 만든 것이다. 접점 카드에 이름은 따로 없다. 예를 들어 쇼핑 카트 아이콘을 '온라인 쇼핑몰'이 아니라 '구매'라는 의미로 사용할 수도 있다.

※ '접점 카드'의 형태는 맨 뒤의 별지 참고.

접점에서 격차가 보인다

접점 카드를 배치하고 자사의 행동을 적어 나가면, 고객의 행동과 감정의 변화에 대응하지 못하는 부분이 명확하게 보인다. 여정의 어느 지점에서 고객이 어려움을 느끼는지, 또는 만족하는지 이해하고 가설을 세워 고객의 반응을 예측할 수 있다. 그것이 고객 여정 지도의 가치다.

야마다는 문의한 시점에서 불안을 느끼고 있다. 거기에 대응하는 접점은 전화다. 여기서 어떻게 초기 대응을 하면 야마다가 안심하고 다음 단계로 넘어갈 수 있을까? 현재의 대응을 지도상에서 가시화해, 대응이 잘 이루어지지 않는 부분이나 고객의 기대와의 격차를 발견하자.

퍼실리테이션 팁

이 단계에서는 접점과 자사의 행동을 한 세트로 묶어 생각하자.

- 도구를 매개로 한 접점과 사람을 매개로 한 접점을 모두 생각한다.
- 접점이 부족할 경우 포스트잇에 그림을 그려 추가한다.
- 접점은 고객의 시선에서 찾아낸다. 자사에 없는 접점도 포함시킨다.

대응책을 생각한다

기업의 시점에서 개선책을 생각한다

이 단계에서는 지금까지 고객 시점에서 생각했던 내용을 바탕으로, 기업의 시점에서 고객 경험을 어떻게 개선할 수 있을지 생각한다. 국면과 국면이 원활하게 연결되지 않는 부분, 행동이나 접점과 연동되어 감정이 부정적 또는 긍정적으로 변하는 부분, 접점이나 자사의 행동이 충분하지 않은 부분에 대해 '우리는 어떻게 대응할 수 있을까?'를 생각해 **'대응책'** 칸에 기입한다.

대응책 기입의 예

대응책이 필요한 지점을 발견하기 위해서는 '감정 변화' 칸에서 **감정이 부정적으로 기우는 부분을 주목한다.** 고객 여정 지도 전체를 보면 우선 '사내 조정' 국면에서 야마다의 감정이 급격히 부정적으로 변한 것을 발견할 수 있다. Sales Growth와 합의한 조건을 사내 품의에 올리는 준비에 수고가 많이 들기 때문이다.

이 경우 Sales Growth가 '품의가 통과되기 쉬운 정보를 담은 품의서 형식을 준비해 두었다가 야마다에게 제공한다'라는 대응을 하면 좋을 것이다. 중심 인물의 부담을 덜어줄 뿐 아니라 신속히 승인을 받을 가능성이 있다. (대응책 기입의 예 ①)

활용이 시작되고 성과가 눈에 보이는 국면에서는 야마다가 사내에서 고군분투하는 모습을 엿볼 수 있다. 이 국면에서 Sales Growth가 해야 할 일이 있다면 야마다의 활동을 사내의 좋은 평가로 확실하게 연결하는 일이다. '비즈니스 지표의 측정 방법과 보고를 올바르게 올리는 법'이라는 가이드라인을 문서로 만들 수 있다면, 야마다는 자신의 활동을 가치 있는 것으로서 긍정적으로 받아들일 것이다.

야마다가 좋은 평가를 받으면 툴의 활용 성과가 사내에 전파되고, 다음번에 계약이 갱신될 수도 있다. (대응책 기입의 예 ②)

'세로'와 '가로'로 보고 과제를 찾아낸다

대응이 필요한 부분을 찾아내는 또 한 가지 방법은 **지도를 '세로'와 '가로'로 보는 것**이다.

지도를 세로로 보며 국면 → 행동 → 감정 → 접점 및 자사의 행동의 연결을 관찰하고, 그 국면에 과제가 있는지 판단한다.

지도를 가로로 보면 국면과 고객 행동이 원활하게 흘러가는지 확인할 수 있다. 퍼실리테이터는 부서 내에 갇힌 시야를 고객의 시점에서 일관되게 넓히는 일을 의식해야 한다.

대응책 기입의 예 ① 세로 방향의 과제 　　　　　 대응책 기입의 예 ② 가로 방향의 과제

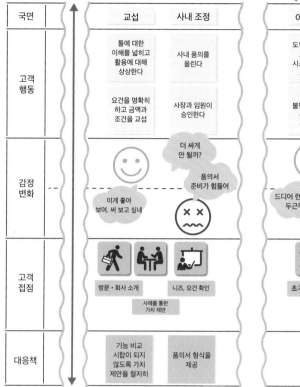

국면	교섭	사내 조정	이용 개시	활용	활용 성과
고객 행동	툴에 대한 이해를 넓히고 활용에 대해 상상한다	사내 품의를 올린다	도입 부서에서 로그인과 시스템 이용을 시작한다	활용의 발전을 확인한다	영업의 효율 상승이라는 성과가 눈에 보인다
	요건을 명확히 하고 금액과 조건을 교섭	사장과 임원이 승인한다	불명확한 점을 문의한다	트러블슈팅 실시, 활용 세미나 참가	사내에서 성과를 보고하고 직원들과 임원들이 높이 평가한다
감정 변화	이게 좋아 보여. 써 보고 싶네 / 더 싸게 안 될까? 품의서 준비가 힘들어		드디어 런칭이다. 두근두근	사용법을 모르겠어…	영업 성과가 가시화됐어! 사장님께 칭찬받았어!
고객 접점	방문·회사 소개 / 니즈, 요건 확인 / 사례를 통한 가치 제안		초기 설정 지원	활용 세미나 / 트러블슈팅 지원	이용 상황 확인, 만족도 조사
대응책	기능 비교 시합이 되지 않도록 가치 제안을 철저히	품의서 형식을 제공		사용자를 위한 활용 뉴스레터 보내기	효과 검증 방법을 안내

▶ '대응책' 칸에 과제 해결의 아이디어를 적은 포스트잇을 배치한다.

퍼실리테이션 팁

대응책을 생각할 때는 고객 여정 지도를 '세로'와 '가로'로 살펴본다..

- "어떻게 할지 생각해 봅시다."라고 말하면 참가자들이 행동을 생각하기 쉽다.
- '수주율이 낮으니 높여야 한다'는 대응책이 아니다. '무엇을 해서 높일 것인가'를 여기서 생각해야 한다.
- 대응책은 행동을 기본으로 해서 쓰는 것이 중요하다. 현재의 과제를 해결하기 위해 '무엇을 할지' 생각한다.
- '세로'로 봤을 때 행동에 대응하는 감정이나 접점이 없다면, 정말로 '없는' 것이 아니라 '누락'되었을 가능성도 있다.

시점을 바꾸어 아이디어를 추가한다

새로운 시점에서 지도를 혁신한다

드디어 마지막 단계다. 여기까지의 작업을 통해 고객 여정 지도의 칸은 모두 찬 상태다. 마지막으로 지금까지와는 완전히 다른 시점에서 고객 여정을 바라볼 차례다.

그러기 위해서 사용하는 것이 '**와일드카드**'다. 와일드카드란 '계약까지 걸리는 시간을 절반으로 줄이려면 어떻게 해야 할까?' 또는 '기업 임원 100명에게 판매하려면 어떻게 해야 할까?' 등의 질문이 적힌 카드다.

필자가 워크숍을 할 때는 30장이 넘는 와일드카드를 준비한다. 그중에는 '실적을 10배로 올리기 위해 타임머신을 타고 10년 후의 미래로 간다면 어떤 정보를 얻어 와야 할까?'와 같이 기상천외한 질문도 있다.

와일드카드는 시야를 넓히는 '두뇌 체조'라고 생각하면 된다.

와일드카드를 잘 사용하는 법

와일드카드를 사용하면 워크숍이 활기를 띤다. 비즈니스에서는 예상치 못했던 일이 항상 일어나는 법이다. 게임하는 느낌으로 즐기자.

와일드카드는 퍼실리테이터가 고르기도 하고 참가자가 고르기도 한다. 전자의 경우 퍼실리테이터는 '이 카드를 내놓으면 참가자들이 곤혹스러워 하겠지'라는 관점에서 선택하는 것이 좋다. **자사의 업계에 적합한지 고려한 후, 그중 어려워 보이는 질문을 선택하는 것이 요령이다.**

'이 사업으로 세계에 진출하려면?'이라는 질문은 업계를 불문하고 적용할 수 있을 것이다.

어느 회사와 협업하면 제품 또는 서비스를 개선할 수 있을까?

계약까지 걸리는 시간을 절반으로 줄이려면 어떻게 해야 할까?

10억 원의 예산이 생겼다. 어디에 쓸까?

▶ 저자가 워크숍에서 사용하는 트럼프 크기의 '와일드카드.' 와일드카드의 질문에 대한 대답은 사각형 포스트잇에 써서 지도 옆에 붙이자.

요즘은 다른 업종에 진입하는 기업이 늘고, 의외의 기업들이 제휴해서 새로운 비즈니스를 창출하기도 한다. '어느 회사와 협업하면 제품 또는 서비스를 개선할 수 있을까?'라는 질문을 던지면, 듣고 보니 가까운 장래에 그런 부분을 생각해야 하는 시기가 올지 모른다는 깨달음을 얻을 수 있다.

일손이 부족한 부서의 경우 '10억 원의 예산이 생겼다. 어디에 쓸까?'라는 질문을 던지면 참가자들로부터 '새로운 인원을 고용하고 싶다'라는 대답이 명확히 돌아올 것이다. 평소에는 인력 부족에 대해 부서 내에서 불평하는 데에 그쳤더라도, 고객 여정을 통해 '아무리 생각해도 여기에 사람이 부족하네'라는 사실이 드러나면 채용을 위한 행동으로 이어질 수도 있고 상사에 대한 설득력도 달라진다.

독자적인 와일드카드를 만들어 보자

3장 마지막 부분의 칼럼에서 와일드카드의 질문을 여러 가지 소개했으므로 그쪽도 참고하면 좋다. 독자적인 와일드카드를 만들 때 시야를 넓히는 질문을 생각해 내기 위해서는 '혁신' '경쟁' '기회' '리스크' '시너지 효과' '글로벌'이라는 관점에서 생각하는 것이 좋다.

고객 여정 지도를 개발하는 작업 자체에, 평소처럼 기업의 시점이 아니라 '고객의 시점에서 생각한다'라는 전환이 있다. 그러나 이 단계에서 할 일은 그보다 조금 더 대담한 시점의 전환이다. 그러므로 와일드카드의 내용은 아주 대담한 발상으로 채워 보자.

퍼실리테이션 팁

와일드카드는 지도 개발의 마지막 단계일 뿐 아니라 고객 행동, 고객 접점, 감정 변화를 생각하는 각 단계에서 아이디어가 좀처럼 나오지 않을 때에도 효과적이다.
와일드카드를 사용해서 끌어낸 아이디어는 잊어버리지 않도록 포스트잇에 적어 지도와 함께 보관한다.

워크숍이 끝난 후

지도를 보며 의견 교환

8단계를 거쳐 고객 여정 지도의 개발이 무사히 끝났다.

워크숍을 마치며, 무엇을 발견했는지, 무엇이 과제였는지, 앞으로 어떤 일을 해야 할지, 참가자들끼리 지도를 보며 자유롭게 의견을 교환하자.

퍼실리테이터는 워크숍 중에는 그다지 발언하지 않았던 사람도 포함해서 모두의 의견을 다시 이끌어낼 필요가 있다.

다음 행동을 정하자

이어서 지금까지 나온 의견들 중 **가장 중요하며 당장이라도 실천해야 할 사항을 찾아낸다**. Sales Growth의 경우는 대응책 중 '품의서 형식을 제공'과 '효과 검증 방법을 안내'라는 두 가지를 선정했다. 다음에는 그 대응책을 누가 담당하고 언제 실행할지 정해서 선언한다. 이처럼 지도를 만들기만 하는 데에서 만족하지 않고 행동으로 연결하는 것이 워크숍의 중요한 부분이다.

행동으로 연결하는 일이 쉽지 않아 보인다면 '실행 가능성을 탐색한다' '팀에서 그 아이디어를 주제로 논의해 본다' '기획서에 반영한다' 등 당장 가능한 수준의 행동을 설정한다.

주제 자체의 난도가 높아서 워크숍 전체에서 의견이 그다지 나오지 않았다면 '다음은 이런 주제로 다시 한 번 해 봅시다' '다른 부서 사람들도 불러서 논의해 봅시다'라는 형태도 좋다.

완성한 고객 여정 지도의 활용에 대해서는 5장의 사례집에서도 단서를 얻을 수 있을 것이다. B2C, B2B를 합쳐 여섯 기업의 사례를 소개하고 있으므로 참고하기 바란다.

지도를 기록해서 공유한다

마지막으로 지도를 공유가 가능한 상태로 기록해 두자. 참가자나 퍼실리테이터가 지도의 사진을 찍고, 페르소나 시트, 와일드카드의 대응책 등도 기록한다. 참가자들뿐만이 아니라 사내 전체와도 공유한다. 지도를 종이에 작성한 경우는 사무실 벽에 붙여서 논의할 수도 있다.

B2C와 B2B의 접근법 차이를 배우자

다양한 접점이 있는 B2C와는 달리 B2B의 고객 여정에는 일정한 국면의 변천이 있다. 또 B2C와 B2B의 페르소나의 차이도 이해할 수 있었을 것이다.

비즈니스 모델에는 소비자끼리 연결되는 C2C나 B2B2C 등 다양한 형태가 있다. B2B2C라면 B2B와 B2C 지도를 개발하여 연

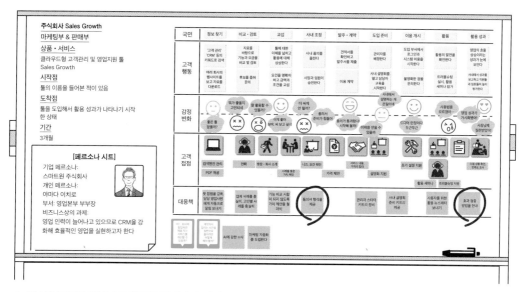

▶ 완성한 지도를 바탕으로 행동을 결정하자. 가장 중요한 과제, 아이디어, 정책에 빨간 매직으로 원을 그리고, 언제, 누가, 무엇을 실행할지 정한다. 행동은 당장이라도 실행이 가능한 수준으로 설정한다.

결함으로써 여정 전체를 살펴볼 수도 있을 것이다. 자유로운 발상으로 주제와 스코프를 설정해서 고객 여정 지도를 활용하자.

새로운 고객 여정은 지도를 만든 후에 시작된다.

퍼실리테이션 팁

워크숍 전체에서 다음과 같은 점들을 중시해야 한다.

- 조직 내부에서 상하관계가 뚜렷한 부서가 참가할 경우 CEO 배지와 CMO 배지를 사용해 경직되지 않은 분위기를 만든다.
- 다른 사람의 의견을 부정하지 않고 서로 즐겁게 아이디어를 내도록 한다.
- 워크숍은 한 번으로 끝내지 않고, 때로는 같은 부문에서, 때로는 여러 부문이 함께, 여러 번 실시한다.

B2B 고객 여정 지도 완성판

주식회사 Sales Growth 마케팅부 & 판매부가 작성한 지도의 주제

제품·서비스	클라우드형 고객관리 · 영업지원 툴 'Sales Growth'
시작점	영업 고객관리 상황에서 과제를 발견하고, 툴 이름은 들어 본 적이 있는 상태
도착점	툴을 노입한 후 능숙하게 사용하며 성과를 얻은 상태
기간	3개월

국면	정보 찾기	비교·검토	교섭	사내 조정
고객 행동	'고객 관리' 'CRM' 등의 키워드로 검색	자료를 바탕으로 기능과 요금을 비교 및 검토	툴에 대한 이해를 넓히고 활용에 대해 상상한다	사내 품의를 올린다
	여러 회사의 웹사이트를 보고 자료를 다운로드	후보를 좁혀 문의	요건을 명확히 하고 금액과 조건을 교섭	사장과 임원이 승인한다

감정 변화 (이모티콘 및 말풍선)
- 뭐가 좋을지 고민되네
- 잘 활용할 수 있을까?
- 품의서 준비가 힘들어
- 더 싸게 안 될까?
- 좋은 툴 없을까?
- 이게 좋아 보여. 써 보고 싶네

고객 접점	검색엔진 관리 / PDF 제공	전화	방문·회사 소개	사례를 통한 가치 제안	니즈, 요건 확인

대응책	첫 접점을 강화, 담당 영업사원에게 자동으로 알림 보내기	업계 사례를 충실히, 고민별 사례를 충실히	기능 비교 시합이 되지 않도록 가치 제안을 철저히	품의서 형식을 제공

▶이 장에서 설명한 8단계를 따라 완성한 B2B 고객 여정 지도

기업 페르소나	개인 페르소나
스마트원 주식회사 (스마트폰 사이트 제작 회사) 매출 규모 연 100억 원 직원 수 40명 젊고 도전정신이 왕성한 기업문화	야마다 이치로(영업본부 부부장, 만 36세) 결제 가능한 예산: 3,000만 원 비즈니스상의 과제: 영업 인력이 증가해 고객관리가 어려워졌다 상품에 대한 지식: 제품명을 들어본 적이 있는 정도

발주·계약	도입 준비	이용 개시	활용	활용 성과
견적서를 확인하고 발주서를 제출	관리자를 배정한다	도입 부서에서 로그인과 시스템 이용을 시작한다	활용의 발전을 확인한다	영업의 효율 상승이라는 성과가 눈에 보인다
이용 계약	사내 설명회를 열고 담당자 교육을 시작한다	불명확한 점을 문의한다	트러블슈팅 실시, 활용 세미나 참가	사내에서 성과를 보고하고 직원들과 임원들이 높이 평가한다

사내에서 설명하는 게 큰일이네

사용법을 모르겠어…

품의가 통과됐다! 시작해 볼까!

이해를 얻을 수 있을까

드디어 런칭이다. 두근두근

영업 성과가 가시화됐어!

사장님께 칭찬받았어!

가격 제안	서비스 내용, 가격의 합의	설명회 지원	초기 설정 지원	활용 세미나	트러블슈팅 지원	이용 상황 확인, 만족도 조사

관리자 스타터 키트의 정비	사내 설명회 준비 키트의 제공	사용자를 위한 활용 뉴스레터 보내기	효과 검증 방법을 안내

본문에서는 생략한 포스트잇도 여기서는 재현했다.

91

여러 팀으로 나누어 지도 만들기

사내에서 워크숍을 실시할 때 최소한 2명, 많으면 4~5명이 한 팀이 되어 작업한다. 그런데 만약 영업부에 소속된 20명이 모두 워크숍을 하게 됐다면 어떻게 할까?

그럴 때는 큰 회의실을 빌려, 여러 팀으로 나누어서 동시에 지도를 개발한다. 4명씩 네 팀으로 나누고 팀에 퍼실리테이터를 한 명씩 배정하자. 퍼실리테이션에 익숙한 사람이 있으면 혼자 두 팀을 담당해도 좋다. 진행 관리는 전체를 총괄하는 퍼실리테이터 1명을 정해서, 각 단계의 작업을 시작하고 끝내는 타이밍에 신호를 주도록 한다. 두 팀씩 짝을 지어 단계와 단계 사이에 적절히 '공유의 시간'을 만들면 서로 배울 수 있고 워크숍 자체의 분위기도 좋아진다.

CEO나 임원이 있는 팀의 멤버들은 긴장할 수도 있다. 그런 경우 퍼실리테이터는 워크숍을 시작할 때 이 워크숍에서는 직급을 의식하지 않고 서로 의견을 내야 한다고 확실히 선언한다. 또 그럴 때야말로 CEO 배지와 CMO 배지를 활용하자.

같은 주제나 페르소나로 지도를 만들어도 좋고, 팀마다 과제를 나누어서 서로 다른 설정으로 지도를 만들어도 좋을 것이다. 가령 팀이 2개일 경우, A팀은 회사의 주요 타깃인 업계의 40대 부장, B팀은 새롭게 개척하고자 하는 다른 업계의 젊은 30대 매니저를 페르소나로 삼아 지도를 만드는 것이다.

똑같은 설정을 과제로 부여해도 페르소나 시트에 기입하는 인물상의 상세한 내용이 다르면 그 부분이 지도에도 반영된다. 가령 '페르소나는 기업의 40대 영업부장'이라는 설정을 받았다고 해도, 그 페르소나가 직면한 영업상의 과제, 결재권의 범위라는 속성이 다르면 결과물도 달라진다. 이왕 팀을 하나보다 많이 만들었다면 지도를 완성한 후도 생각해서 잘 지휘하자.

종료 후에는 각 팀의 대표자가 지도를 설명하는 시간을 마련한다. 한 번의 워크숍에서 여러 고객 여정 지도를 볼 수 있는 것도 재미있는 부분이다.

CHAPTER

5

사례로 배우는
지도의 활용

'우리가 틀렸구나.'
한 번의 깨달음이 매장 전체를 바꿔 나간다

영역 B2C   사업 발레·댄스용품 등의 제조 및 판매, 댄스 스튜디오 경영

유서 깊은 발레용품점 '챠코트'

발레용품을 제조 및 판매하는 챠코트는 1950년에 설립되었다. 어느 날 토슈즈 한 켤레를 접한 창업자는 일본에서 토슈즈를 만들어 보자는 생각에 당시 식량 조달을 위해 방문했던 나가노현 우에다시에 공장을 설립했다. 그리고 도쿄 시부야에 본점을 열었다.

에어로빅의 전성기였던 1990년대부터 사업을 다각도로 전개하기 시작해 현재는 화장품, 사교댄스, 요가를 중심으로 한 피트니스, 리듬체조, 피겨스케이팅에 이르기까지 제품 라인업을 넓혔다. 매출의 주축은 현재도 발레용품이다. 2012년부터는 청소년 발레리나의 등용문으로 알려진 로잔 국제 발레 콩쿠르의 공식 스폰서가 되어 어린 발레리나들도 키워내고 있다.

챠코트는 직영점을 중심으로 전국에 31개 매장을 운영 중이며 그중 도쿄 가치도키의 매장은 카페와 스튜디오도 병설했다. 회사에서 직접 온라인 쇼핑몰을 운영하고 있지만, 토슈즈 피팅은 매장의 중요한 서비스 중 하나다. 매장을 중심으로 채널을 늘린 챠코트는 경영기획부가 마케팅과 판매 촉진을 담당하고 있다. 경영기획부는 고객의 태도 변화를 더 잘 이해하기 위해 점장을 포함한 관계자들을 모아 고

▶시부야 본점(왼쪽), 스튜디오와 카페를 병설한 가치도키점(오른쪽)

▶시착을 해 보며 그 사람에게 맞는 토슈즈를 고르는
피팅 작업

객 여정 지도 워크숍을 개최했다.

참가자들은 대부분 고객 여정 지도나 사내 워크숍을 경험해 본 적이 없었다. 작업은 조심스러우면서도 순조롭게 진행되었다. 손을 움직이며 아이디어를 내는 동안 참가자 중 한 명인 신주쿠점의 점장은 '나한테 이런 게 필요했구나!'라고 실감하며 큰 충격을 받았다고 한다.

'첫 토슈즈 고르기'의 여정

발레리나에게 토슈즈는 소중한 존재다. 발레리나의 발은 발끝으로 서기, 도약, 회전 등의 동작 때문에 큰 부담을 받는다. 발을 지키며 표현력을 이끌어내는 토슈즈는 초등학교 4, 5학년 정도가 되면 스스로 신을 수 있게 된다.

매장 직원은 시착을 위해 찾아온 발레리나와 소통하면서, 체격이 큰지 작은지, 발이 튼튼한지 약한지, 경험이 어느 정도인지 등, 신체 조건과 능력을 살펴보고 다양한 상품 중 적절한 것을 골라 보여준다. 다만 처음 토슈즈를 신는 초등학교 3, 4학년의 경우 상품이 한정되어 있고, '우선 이 상품부터' 하는 식으로 항상 정해져 있는 경향이 있다.

챠코트에서는 이런 피팅 지식과 기능을 습득시키기 위해 사내 연수를 실시하고 초급, 중급, 상급으로 나뉘는 배지 제도를 마련했다. 이렇게 해서 신입 직원도 토슈즈를 고르는 고객을 위한 기본적인 응대 기술을 익힌 상태로 매장에서 일할 수 있다.

워크숍에 참가한 신주쿠점 점장은 이후 매

장 직원들과 함께 워크숍을 개최했다. 신주쿠점은 직원이 약 20명으로, 시부야 본점 다음으로 큰 매장이다. 당시 신주쿠점은 다른 매장과 비교할 때 다소 고전하던 토슈즈 매출을 조금 더 끌어올리려 하고 있었다.

신주쿠점에서 개최한 워크숍에는 점장, 플로어 리더, 슈즈 리더, 이렇게 3명이 참가했다. 고객 여정 지도의 주제는 '첫 토슈즈 고르기.' 여정은 고객이 매장에 시착을 하러 오는 데에서 시작하며, 토슈즈를 한 켤레 구입한 후 챠코트를 친근하게 느끼게 되어 매년 여러 켤레의 토슈즈를 구매하는 것을 도착점으로 설정했다.

점장이 퍼실리테이션을 실시하며 워크숍을 시작했다. 그런데 시작한 지 30분도 지나지 않아 일단 작업을 중지하게 되었다. '우리가 틀렸구나'라는 것이 참가사들의 결론이었다. **8단계를 전부 완료하기 전에 커다란 과제를 발견한 참가자들은 당장 개선을 위해 움직이기로 했다.**

과제 중 하나로 떠오른 것은 발레를 갓 시작한 초보자가 첫 토슈즈를 고를 때의 응대였다. 초보자용 토슈즈는 종류가 적기 때문에 기존에는 경험이 적은 직원이 응대하는 일이 많았다. 그러나 처음 매장을 찾아온 어린이와 보호자의 시점에서 생각해 보면, 매장의 수많은 상품에 둘러싸여 **'잘 맞는 토슈즈를 찾을 수 있을까?'라는 불안**을 느낄 것이다. 이 점이 이번 워크숍의 큰 발견이었다.

그렇다면 베테랑 직원이 응대하는 것이 좋지 않을까. "괜찮아요. 마음 놓으셔도 돼요."라며 꼼꼼하게 설명하고, 상품에 대한 이해를 높이는 과정을 중시해야 하지 않을까. 매장에서 첫 토슈즈를 고르는 순간은 **다음에 또 오고 싶다는 생각을 이끌어내는 중요한 접점**이다. 이제부터 성장해 나갈 발레리나와 함께하며 돕는 것이 챠코트의 일이다. 그렇게 생각한 참가자들은 고객 응대를 다시 돌아보고 행동을 개시했다.

매장에 일어난 변화

워크숍 후 신주쿠점 매장에서는 큰 변화가 일어났다. 우선 점장 본인이 크게 달라졌다. 그전에는 실적을 많이 의식해서 위장병이 생길 만큼 힘든 나날을 보내고 있었다. 회사의 방침을 따라 열심히 업무를 처리했지만 눈앞에 있는 고객의 상태와 기분을 생각할 마음의 여유는 그다지 없었다. 점장은 우선 고객의 행동과 심리 상태를 파악하고, 자신의 생각을 매장에서 어떻게 표현할지 생각하게 되었다.

점장이 직원에게 건네는 말의 내용도 달라졌다. 전에는 '예산에 비해 이만큼 부족하다' 등 매장과 회사의 목표 수치를 언급하는 일이 많았는데, 워크숍 후에는 객단가를 중시하게 되었다. 직원들에게는 고객을 일대일로 응대할 때 '눈앞의 고객을 위해 무엇을 할 수 있는지' 생각하고 매일 실천하도록 지시했다. 그렇게 하면 객단가가 자연스럽게 올라갈 것이라는 말도 덧붙였다.

워크숍에서 주목한 '첫 토슈즈 고르기'에 대한 대응의 경우, 경험이 풍부한 직원이 솔선해서 피팅을 담당하도록 했다. 자연스럽게 고객의 시점에서 생각할 수 있게 되자, 탐색과 함께

주제	방문 전	가게 찾기	방문·구매	방문 후
첫 토슈즈의 구매를 계기로 매 시즌마다 챠코트를 방문한다	• 발레 학원의 언니들에게 조언을 얻는다. • 어떤 토슈즈가 있는지 인터넷에서 알아본다. • 학원 친구가 신은 챠코트의 토슈즈가 좋아 보인다. • 책자로 된 발레 교재도 아주 좋아한다. • 발레 잡지를 매달 산다.	• 학원에서 지정한 토슈즈가 따로 없기 때문에 여러 발레용품점에 가 보고 싶다. • 발레용품점이 세 곳이나 있는 신주쿠에 가 보자. • 챠코트는 토슈즈가 진열되어 있어서 비교하기 쉬웠다. • 진열된 토슈즈를 보고 있으니 점원 언니가 말을 걸어서 토슈즈를 시착해 봤다.	• 피팅이 성의 있어서 처음이지만 이해하기 쉬웠다. • 리본과 고무줄도 달아 줬다. • 3개월에 한 번 상태를 확인하러 오라고 점원 언니가 상냥하게 말했다. • 이름을 새기는 동안 DVD를 보며 기다린다. • 피팅한 점원이 뭔가 문제가 생기면 언제라도 이야기하라고 말해 줬다.	• 다음에는 이 토슈즈를 신어 보자는 말을 듣고 열심히 연습했다. • 이름을 새겨 주고 리본과 고무줄을 달아 주는 챠코트에 간다. • 8월에는 엄마와 함께 발레 공연을 보러 간다. • 사이즈가 맞지 않아 물집이 생겼다.

▶신주쿠점이 처음 실시한 워크숍에서 만든 고객 여정 지도

시작된 신주쿠점의 변화는 1년 후 확고한 매출 실적이라는 결실을 맺었다.

고객 여정 지도를 어떻게 확장할 것인가

이 성공을 바탕으로 챠코트는 그 후로도 고객 여정 지도 워크숍을 개최했는데, 항상 잘 되지는 않았다. 고객 여정 지도를 만드는 취지를 설명하고 '고객의 시점에서 생각해 보자'라고 독려해도, 정신을 차려 보면 '더 많이 팔고 싶다'라는 매장 측의 시점이 강하게 반영되는 경우가 있다. 경영기획부에서는 주제 설정과 퍼실리테이션의 어려움을 느끼고 있었다.

그러던 중 어느 날 신주쿠점이 매장 직원들과 함께 실시한 워크숍에서는 직원 한 명 한 명이 매장에서 새롭게 해 보고 싶은 행동, 개선하고 싶은 행동을 차례로 포스트잇에 적어 내는 시도를 했다. '이런 POP을 만들어 보고 싶다'

'이런 안내도 가능할 텐데' '무대에 오를 때는 토슈즈를 2, 3켤레 가지고 있는 것이 좋다고 권해 보자' '구매할 상품을 결정한 후에도 더 신어보고 싶은 토슈즈가 있는지 한 번 더 물어보자' 등 수많은 아이디어로 지도가 채워졌다. 퍼실리테이션을 맡았던 점장은 직원들이 조금씩 고객의 시점에 가까워지는 것을 보고 든든하다고 느꼈다.

처음에 경영기획부는 고객 여정 지도 워크숍을 사내의 여러 부서로 확장하려 했다. 그러나 워크숍 만능주의로 무조건 추진하는 일은 위험하다고도 느꼈다. 워크숍을 열 것이라면 사내의 모든 사람이 자신도 해 보고 싶다고 자연스럽게 느끼는 상황을 만들고자 했다.

그렇게 생각한 경영기획부는 온라인 쇼핑몰 팀의 협조를 얻어 새로운 접근법을 모색하기 시작했다. 예를 들어 '뉴스레터의 개선'이 주제라면 어떨까? 우선 뉴스레터의 내용을 고객의 시점에서 생각하면 어떻게 달라질지, 그 기반

에 어떤 사고방식이 있는지 구체적으로 설명함으로써 고객의 시점에 대한 이해를 촉진한다. 그 후에 고객 여정 지도 워크숍을 기획하는 것이다.

온라인 쇼핑 팀에서는 마침 뉴스레터의 발송을 근본적으로 변화시키려는 시도를 하고 있었으며, 여러 고객 여정을 바탕으로 여러 뉴스레터를 작성해 PDCA(*계획[Plan], 실행[Do], 평가[Check], 개선[Action]으로 이루어진 주기를 반복하는 품질 관리 방법 – 옮긴이)를 반복하려 하고 있었다. 영업부 회의에서 그 성과를 '그렇구나!' 하고 인정받을 수 있는 구체적인 데이터로 제시하고, 영업부도 함께 워크숍에 참여시키도록 했다. 서두르지 않고 천천히 진행하자는 방침으로 의견이 모이고 있었다.

챠코트의 매장 직원과 제조 부문 직원 중에는 발레 경험자가 많다. 챠코트는 발레리나가 아름답게 빛을 발하기 위해서 어떻게 해야 하는지 항상 생각하는 회사다. 스마트폰으로 쉽게 할 수 있는 일이 늘어난 현재도 자신의 몸으로 새로운 표현에 도전하는 발레리나와 예술가들. 이 사람들을 시대에 알맞은 형태로 지원하기 위해 챠코트는 새로운 발걸음을 내딛고 있다.

사례의 요점

- '첫 토슈즈 고르기' 지도를 만들면서 매장의 고객 경험과 관련된 과제를 발견했다.
- 매장 실적의 중시에서 고객 경험의 중시로 옮겨가자 매출 실적이 늘었다.
- 고객의 시점을 사내에 전파하는 일을 '워크숍 만능주의'의 관점에서 생각하지 않는다.
- 뉴스레터 개선의 실적을 보여줌으로써 고객 시점의 가치를 사내에 전파한다.

[취재 협력]　　　 챠코트 주식회사
　　　　　　　　 경영기획부 판매촉진과 과장 나카야마 슈이치
　　　　　　　　 영업2부 직영점3과 신주쿠점, 마로니에게이트점, 가치도키점,
　　　　　　　　 댄스큐브 가치도키 카페 과장 사이키 유미

비교에서 드러난
'가설'과 '현실'의 괴리

`영역` B2C　　　　　`사업` 역사적 건축물을 활용한 기념일 행사 공간의 운영

다양한 개성이 있는 역사적 건축물을 어떻게 활용할 것인가

역사적 건축물을 기념일 행사 공간으로 활용하는 사업을 실시하는 밸류 매니지먼트는 예식장, 레스토랑, 숙박, 연회장이라는 네 가지 사업을 주축으로 전국에서 14개 시설을 운영한다.

그중 하나인 '후나쓰루 교토 가모가와 리조트'는 교토 가모가와 강변의 148년 역사를 지닌 요릿집 겸 여관을 개보수한 건물로, 5층 누각이 있는 순수한 일본식 건물은 국가가 지정한 유형문화재다.

역사적 건축물은 구조, 분위기, 배경 이야기가 저마다 다르고 시간의 경과나 사람들의 기억 등 기업이 통제할 수 없는 심오한 부분에

그 매력이 있다. 그런 비일상적인 공간의 결혼식이나 숙박은 인생의 중요한 순간이나 소중한 사람과의 시간을 잊지 못할 경험으로 만들어 준다.

밸류 매니지먼트의 마케팅부는 도쿄와 간사이에 직원 15명을 배치해 웨딩 사업과 숙박 사업을 진행하고 있다. 일본식 건물과 서양식 건물 등, 건물의 분위기도 다르고 입지도 다르면 제공하는 서비스도 다를 필요가 있다. 그래서 신규 개점을 할 때 시설마다 적절한 페르소나를 생각할 필요가 있었다.

자사의 마케팅을 '페르소나 마케팅'이라고 부르며 주력해 온 밸류 매니지먼트는 업무 부담을 경감하며 실제 고객의 모습에 매끄럽게 다가갈 방법을 모색하고 있었다.

▶'후나쓰루 교토 가모가와 리조트'는 148년의 역사가 있는 요릿집 겸 여관이며, 5층 누각이 있는 전형적인 전통 일본식 건물을 개보수했다.

▶'고베 영빈관 구 니시오 저택'은 1919년 건축되었다. 문화재로도 지정된, 고베의 서양식 건축물을 대표하는 시설이다.

공들여 생각한 페르소나에
시간의 흐름을 맞춘다

밸류 매니지먼트의 마케팅부는 예식장을 물색하는 사람의 방문(둘러보기)에서 계약까지의 고객 확보 업무를 담당한다. 기존에는 대형 광고업체의 영업에 의존하는 수동적인 고객 확보가 주류였는데, 다양한 고객에게 대응할 수 있도록 고객 여정 지도를 개발하는 워크숍을 개최했다.

참가자들은 마케팅부에서 웨딩 사업과 숙박 사업을 담당하는 직원들이었다. 이번에는 고베 지역을 무대로 삼고, 페르소나로 '예식장을 물색하는 사람'을 설정했다. 그리고 도착점은 '예식장을 이용'인 고객 여정 지도를 개발하기로 했다.

기본적으로 예식장의 고객 중 재구매 고객은 없다. 초기 검토에서 예약, 계약에 이르는 기간은 평균치인 약 40일로 설정했다.

그전까지 밸류 매니지먼트가 실시했던 '페르소나 마케팅'에서는 가설 속 고객의 모습(페르소나)을 설정해서 실제 고객 행동과 어떤 차이가 있는지 매달 확인했다. 페르소나의 설정과 활용에 노력을 쏟았지만, '시간의 흐름'이 빠져 있었다.

워크숍에서는 **페르소나가 거치는 여정도 함께 생각함으로써, 애매했던 고객의 니즈와 행동에 관한 가설을 더 명확히 할 수 있다.** 지도를 만들면서 계약에 이르기까지의 중요한 중간 지점을 명확히 발견할 수 있다면, 계약에만 쏠린 예산을 시정하는 일도 가능하다고 생각했다.

비교에서 드러난
'가설'과 '현실'의 괴리

워크숍 후 고객 여정 지도로 정리한 고객 행동의 가설과 실제 고객 행동을 비교하면서 맨 처음 발견한 것은 **'검색 유입에 관한 괴리'**였다. 예식장을 알아보는 사람들의 실태를 조사하자, 키워드 검색이 아니라 사진 검색으로 유입되는 경우가 많다는 사실이 드러난 것이다.

그래서 마케팅부는 웹사이트 내의 모든 사진을 다시 확인해서 alt 태그(*이미지를 부연 설명하는 HTML 태그이며, 이미지 검색에 영향을 미침 - 옮긴이)가 제대로 되어 있는지 확인하고 내용을 관리하기로 했다.

또 웹사이트의 키워드 표시에 더 신경을 쓸 필요가 있음을 다시 확인했다. 고베에서 예식장을 찾을 경우 '고베 웨딩' '고베 결혼식' '고베 브라이덜' '고베 결혼식장' 등 식장의 분위기에 따라 최적 검색어가 달라진다. 기존의 키워드를 재검토해서 식장마다 이용자가 더 선호할 키워드를 개별적으로 표시한다. 밸류 매

▶더 힐사이드 고베의 인스타그램 계정(@the_hillside_kobe)

니지먼트는 이런 작은 개선이 계약의 증가로 이어진다는 생각을 가지게 되었다.

그 외에도 새로 인스타그램 계정을 만들고, 각 시설의 특징에 맞춰 페이스북의 게시 빈도를 높이고, 광고 예산의 사용처를 변경하는 등의 정책을 실행했다. 그 결과 **고객 획득 단가가 크게 개선되고 매체별 공헌도도 높아졌다.**

또 웨딩 사업에서는 SNS에 올리기 좋은 식장, 예식장 소개업체를 통한 유입이 많은 식장 등 식장에 따라 **유입 통로가 다르다. 유입 통로가 다양해지는 가운데 현실에 부합하는 페르소나와 가설을 설정하는 일은 점점 중요해지고 있으며, 이런 대응이 예산 편성을 바꾸는 계기가 되기도 한다.**

각 사업부와 매장에서 실시한 워크숍의 참가자들은 자신이 담당하는 시설의 특징을 다시금 가시화하고, 시설의 강점을 명확히 드러냈다. 그 후 페르소나의 정확도를 높이는 작업에 주

력해서 고객을 확보하는 일이 마케팅의 사명이라는 것이 밸류 매니지먼트의 생각이다.

고객 여정 지도 다듬기

고객 여정 지도를 통해 고객 행동을 가시화하고 공유하면서 사내 소통에도 변화가 일어났다. 마케팅 담당자가 영업 담당자와 인식을 공유할 수 있게 되었고, 점포총괄부와의 대화에서도 많은 발견을 얻게 되었다. 고객 응대의 프로인 점포총괄부는 이용자와 대화할 기회가 적은 마케팅부가 생각한 페르소나에 대해 "그런 취향인 사람은 그 시설에 안 찾아오지 않을까요?"라고 솔직한 의견을 말해 주었다.

점포총괄부와 함께 시설 측의 고객 데이터(방문자 데이터, 고객 설문조사 결과)와 고객 여정 지도를 비교하고 더욱 다듬어 나간다. 밸류 매니지먼트는 이 작업을 효율화하기 위해 아래와

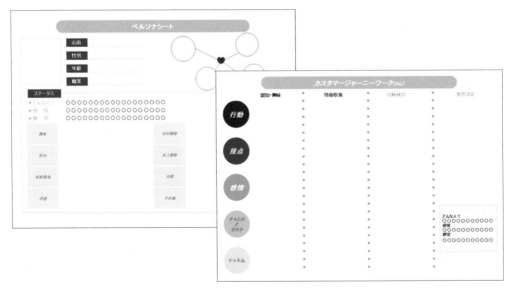

▶사내에서 작성한 형식으로 다듬은 페르소나와 고객 여정

같은 양식을 작성하고, 각 시설에 맞게 페르소나와 고객 여정 지도를 정비했다.

이런 활동에는 2012년부터 영업 기능을 담당하는 점포 총괄부에 마케팅 담당자를 배치한 일도 공헌했다. 밸류 매니지먼트는 2016년부터 조직 내의 가치 사슬 일원화를 진행해, **마케팅부와 점포총괄부가 똑같은 목표를 공유하도록 했다.** 원래 마케팅부의 목표는 '방문자 수 늘리기'였는데, 점포총괄부의 목표인 '계약 수 늘리기'로 일원화했다. 목표의 공유도 여러 부서에 걸친 고객 여정의 공유를 실현하는 요인 중 하나다.

지도를 따라간 개선이 계약으로 이어지다

지도 개발을 통해 사내의 공통 인식이 확실하게 전파되는 가운데, 밸류 매니지먼트는 사내 구석구석까지 공통 인식을 침투시키는 일을 중시하고 있다. 앞으로는 **고객 여정 지도에 수량화한 목표 수치를 설정하고 매체별 경향도 반영**할 계획이다.

그 다음 단계는 "페르소나가 한 명으로 집약되지 않는 경우'에 대한 대응이다. 결혼식에서는 식장을 알아보기 시작하는 사람은 신부지만 돈을 내는 사람은 신랑인 경우도 있다. 숙박의 경우는 알아보는 사람은 어머니, 예약하는 사람은 딸일 수 있다.

이런 경우 페르소나를 두 명 설정해서 고객 여정 지도를 교차시키는 방법, '초기 검토 페르소나'와 '구매 페르소나'를 나누는 방법 등을 생각할 수 있다. 밸류 매니지먼트는 이 방법들을 실제로 운용하면서 시간을 들여 최적의 마케팅 접근법을 찾아내고자 한다.

나아가 결혼식을 올리는 사람의 비율이 낮아지고 있는 현재, 결혼식의 문화적인 가치와 의미를 전달하는 데에도 마케팅의 힘을 활용하고자 한다. 최적의 타이밍에 최적의 콘텐츠와 메시지를 전달해 패러다임 전환을 일으키기 위해서도, 고객 여정 지도의 역할은 점점 커질 것으로 보인다.

사례의 요점

- 광고를 통한 수동적인 고객 확보에서 탈피하기 위해 지도를 개발하고, 다양한 고객에 대한 새로운 접근법을 검토한다.
- 각 결혼식장마다 페르소나와 지도의 정밀도를 높이는 데 주력한다.
- 실제 고객 데이터와 비교해 지도를 항상 다듬는다.
- 지도를 공유 언어로 삼음으로써 부서 간의 공통 인식을 길러냈다.

[취재 협력] 밸류 매니지먼트 주식회사
마케팅부 제너럴 매니저 가사 쇼타로
마케팅부 다카노 지사토

고객에게 '당연한 일'이란?
'믿고 의지할 수 있는 카드'의 조건을 철저히 찾아내다

영역 B2C　　　　　　　사업 국제적인 카드 브랜드로서 신용카드를 발행

고객에게 '당연한 일'이란?

JCB의 사업에서 주축은 카드 사업, 가맹점 사업, 각종 카드의 브랜드 라이선스 사업, 다른 카드 사업자의 결제 체계를 위탁받는 프로세싱 사업이라는 네 가지이며, B2C와 B2B2C라는 두 가지 사업 모형이 있다. 그중 카드 사업의 회원은 일본 내에서만 9,000만 명, 해외를 포함하면 1억 1,000만 명이 넘는다(2018년 3월 말 기준).

예전에 JCB의 고객 접점은 카드를 사용하는 점포 등이 중심이었지만 콜센터와 해외 지원 창구 등의 대응도 중요해졌으며, 지금은 직접적인 접점인 디지털 채널의 존재감이 커지고 있다. 그렇기 때문에 예전부터 '고객 시점'을 우선하는 서비스 개선에 임해 왔으며, 2015년에는 회사 전체의 디지털 전략을 책임지는 웹 총괄부를 만들었다.

웹 총괄부의 사명은 기존에 사업과 제품 및 서비스마다 존재하던 디지털 관련 기능 중 전략 수립에서 추진까지를 총괄하는 일이다. 일본 안팎의 웹사이트와 앱, 소셜미디어 등 100개 이상의 채널을 관리하고, 카드 회원의 확보와 이용 촉진 등을 담당하는 각 사업 부문과

협력해서, 정책을 검토 및 시행해 궤도에 오를 때까지 진행한다.

카드 회원을 위한 웹 서비스 'MyJCB'에서는 이용 금액과 잔여 포인트의 확인, 지불 방법의 변경 등이 가능하고 앱도 존재한다. 웹 총괄부에서는 이것들을 포함해 각 채널에서 수집되는 고객들의 요구를 모두 살피고 있는데, '**고객에게 당연한 일을 당연하게 실현하는 일**'의 어려움을 느끼고 있었다.

'가입 초기'의 고객 경험 개선

카드 회원에게는 '가입'과 '이용 촉진'이라는 복수의 단계가 있다. 각 단계에서 고객이 원하는 '당연한 일'이 있음을 전제로, 그 '당연한 일'의 추출과 분해가 대응의 첫걸음이 되었다.

고객 만족도를 높여 LTV(고객 생애 가치)의 향상으로 연결하기 위해서는 자기만족이 아니라 확실한 비즈니스 지표(KPI)를 설정해 따라갈 필요가 있다. 웹 총괄부에서는 단계마다 이상적인 고객 여정을 그려내고 각 과정에서 고객이 기대하는 것을 정리한 후 '그 기대를 충족하고 있는가'를 생각해, 괴리가 있는 지점을 구체적으로 찾아냈다. 이때 **하나하나 KPI를**

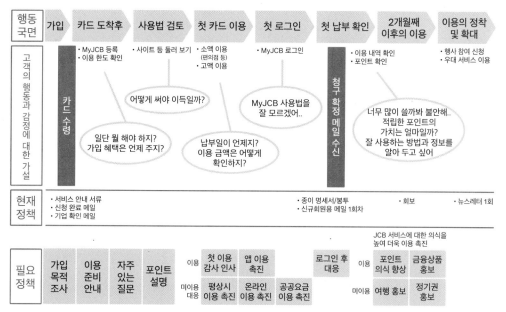

행동 국면	가입	카드 도착후	사용법 검토	첫 카드 이용	첫 로그인	첫 납부 확인	2개월째 이후의 이용	이용의 정착 및 확대

고객의 행동과 감정에 대한 가설

카드 수령
• MyJCB 등록
• 이용 한도 확인

청구 확정 메일 수신

• 사이트 등 둘러 보기
어떻게 써야 이득일까?
일단 뭘 해야 하지? 가입 혜택은 언제 주지?

• 소액 이용 (편의점 등)
• 고액 이용
MyJCB 사용법을 잘 모르겠어..
납부일이 언제지? 이용 금액은 어떻게 확인하지?

• MyJCB 로그인

• 이용 내역 확인
• 포인트 확인
너무 많이 쓸까봐 불안해.. 적립한 포인트의 가치는 얼마일까? 잘 사용하는 방법과 정보를 알아 두고 싶어

• 행사 참여 신청
• 우대 서비스 이용

현재 정책

• 서비스 안내 서류
• 신청 완료 메일
• 기업 확인 메일

• 종이 명세서/봉투
• 신규회원용 메일 1회차

• 회보

• 뉴스레터 1회

필요 정책

JCB 서비스에 대한 의식을 높여 더욱 이용 촉진

| 가입 목적 조사 | 이용 준비 안내 | 자주 있는 질문 | 포인트 설명 | 이용 | 첫 이용 감사 인사 | 앱 이용 촉진 | | 로그인 후 대응 | 이용 | 포인트 의식 향상 | 금융상품 홍보 |
| | | | | 미이용 대응 | 평상시 이용 촉진 | 온라인 이용 촉진 | 공공요금 이용 촉진 | | 미이용 | 여행 홍보 | 정기권 홍보 |

▶고객 여정 지도를 작성해 고객의 행동과 감정, 현재 정책과 필요한 정책을 정리(예시).

설정하고 수치로 가시화해서 확인하는 작업을 철저히 수행했다.

처음에 착수한 일은 '가입 초기' 단계의 고객 경험 개선이다. 사전에 총괄부 내에서 고객 여정의 원안을 만들며, 가입 후의 소통을 주관하는 부서에 작업의 배경과 목적을 설명하고, 동시에 현재의 노력과 KPI를 조사하고 타 부서도 동참하는 체제를 만드는 데에 2개월 정도 걸렸다.

그 다음에 개최한 고객 여정 지도 워크숍은 카드 회원의 '가입'을 시작점으로 삼고 '첫 카드 이용'을 거쳐 '(회원 서비스) 첫 로그인' '첫 지불 확인' '2개월째 이후의 이용' 후 '이용의 정착 및 확대'를 도착점으로 설정했다.

워크숍에서는 이용을 신청한 사람이 1~2주 후에 카드를 받고 나서 구체적으로 어떤 행동을 하는지, 그때마다 어떤 희망사항과 요구가

있는지 우선 자세히 찾아냈다. 그리고 거기에 어떻게 접근하고, 고객은 어떻게 반응하는지 열거하며, 이상적인 고객 여정과 비교할 때 부족한 부분을 메울 정책을 검토했다.

시나리오 메일로 사용자 10% 증가

3시간에 걸친 워크숍에서는 기존에 실시하던 정책에서 과제 몇 가지를 발견했다. 예를 들어 가입 후 1개월 정도가 지나면 환영 이벤트로 카드의 사용법에 대한 뉴스레터(총 6화로 구성)를 보내는데, 실상을 조사해 봤더니 **1개월이 지난 시점에서는 대부분의 고객이 이미 첫 이용을 마친 상태였다.** 또 모든 회원에게 똑같은 내용의 뉴스레터를 자동으로 보내기 때문에 **고객별 이용 상황에 최적화된 소통이 이루어지지 않고 있었다.** 앞으로는 메일을 처음 보내

는 시기를 앞당겨야 하고, 아직 사용하지 않은 고객을 위해서는 다른 접근법이 필요할 것이라는 가설이 부상했다.

그래서 뉴스레터와는 별개로 **가입 초기 정책으로서 시나리오 메일**(*미리 준비한 메일을 여러 차례에 걸쳐 발송하는 것. 스텝 메일이라고도 함 - 옮긴이)**을 설정했다.** 가입 후 1~2주 동안 가입에 대한 감사 인사로 시작하는 4통의 메일 발송을 계획하고, 워크숍 후 실시했다. 그러자 **가입 감사 메일을 읽은 사람의 비율이 약 70%**로 높았고, MyJCB의 로그인 페이지 등을 **클릭한 비율도 약 43%**였다. 이어지는 첫 이용 감사 메일 등에서도 반응 비율이 마찬가지로 높았다. 그전에 JCB에서 일괄적으로 보내던 메일을 읽은 사람의 비율은 약 20%였다. 정책을 실행한 웹 총괄부에서는 타이밍을 고려한 접근법의 중요성을 실감했다.

나아가 **카드를 아직 사용하지 않은 사람들을 하나의 세그먼트로 분류해, 가입 후 휴면 상태를 막기 위한 후속 메일의 발송을 새롭게 실시했다.** 편의점과 마트에서 카드를 사용하면 포인트가 적립된다는 사실 등을 홍보하자 여기서도 의미 있는 결과를 얻을 수 있었다.

시나리오 메일을 보내기 시작하고 나서 **가입 후 카드 이용률이 5% 정도 상승했다.** 다음 페이지의 그림은 세로축을 이용률, 가로축을 시간(경과 일수)으로 설정한 LTV 그래프다. 두 그래프 사이의 면적이 LTV의 증가분이자 소통방법을 변화시킨 성과다. 기존의 메일 발송과 비교할 때 LTV가 꾸준히 대폭 향상되었음을 알 수 있다.

카드 사용률이 높아지면서 가입 6개월 후의

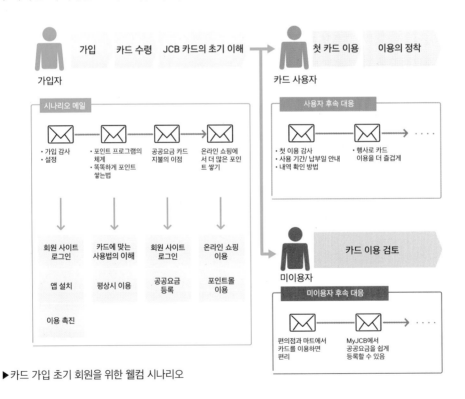

▶카드 가입 초기 회원을 위한 웰컴 시나리오

고객 1인당 이용액도 10% 가량 상승했다. 또 메일 내의 링크를 클릭하는 사람의 비율이 증가하면서 회원용 앱의 이용 촉진에도 크게 공헌했다. 웹 총괄부는 이런 성과에 고무되어, 메일을 읽은 사람의 비율 등의 반응을 파악할 뿐 아니라 그것이 **회사의 KPI로 어떻게 연결되는지 증명**하는 일이 중요함을 인식하게 되었다.

단계를 분할해 고객 경험을 개선

웹 총괄부는 개별 정책과 KPI의 상승이 단발성으로 끝나지 않도록 사업에 대한 공헌을 확인하고, 그 다음의 고객 경험 국면으로 연결하

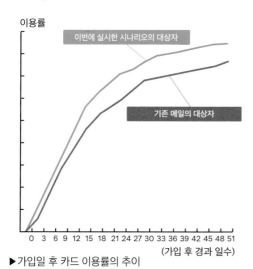

▶가입일 후 카드 이용률의 추이

려 하고 있다.

현재는 'JCB 오리지널 시리즈' 카드를 중심으로, 가입 초기 고객을 대상으로 미이용자를 위한 내용도 포함한 15통 정도의 메일을 운용하고 있다. 앞으로는 카드 신청의 목적과 이용 의향을 설문조사 등으로 파악해, 그 고객에게 맞는 시나리오를 추가할 방침이다.

또 고객의 이용 상태를 약 10단계로 분할해, 앞으로는 각 단계의 주관 부서와 함께 똑같은 개선을 모색할 것이다. 그리고 이후 계속 실시할 정책을 운영 부문에 넘길 수 있도록 확립할 것이다. 이처럼 고객을 기점으로 삼은 접근법에는 각 부서의 이해와 협력이 필수다.

새로운 기술이 등장하면서 대응책도 증가하고 있다. 방대한 CRM 데이터와 인터넷 로그, 새로운 기술을 조합함으로써 고객의 가입 시 기대치와 NPS(고객 추천도)를 꾸준히 상승시킬 수 있을 것으로 기대된다.

JCB에서는 앞으로 고객과의 소통이 수많은 분기점에서 나뉘는 현재 상태에 대응하면서 중기 경영 계획을 확인하고, 6개월 단위로 모든 단계의 고객 여정을 재검토하며 고객 경험의 질을 더욱 높이고자 한다.

사례의 요점

- 이용 상태의 단계마다 '고객이 생각하는 당연한 일'을 파악하는 것이 첫걸음.
- 여러 부서를 참여시켜 서비스를 개선.
- 이상적인 여정을 그려낸 후 고객의 기대와의 괴리를 찾아내고, KPI로 가시화.
- 발견한 과제에 시나리오 메일로 효과적 대응. 고객 경험의 개선이 LTV의 향상으로 이어졌다.

[취재 협력]　　　　주식회사 JCB
　　　　　　　　　웹 총괄부장 오카다 료타
　　　　　　　　　웹 총괄부 기획그룹 부주사 구와하라 미쓰아키

지도를 표로 정리해 재검토
'도입 후의 여정' 속 수많은 발견

영역 B2B   **사업** 채용 관리 시스템 'HRMOS(하모스)'의 개발 및 제공

심화하는 인재 확보 경쟁 속에서
채용 업무를 지원

우수한 인재를 원하는 기업의 니즈가 높아지는 가운데, 계속해서 수많은 인재와 접촉하고 접근하는 채용 담당자들의 부담은 점차 커지고 있다. 2009년에 문을 연 회원제 이직 사이트로 이름을 알린 비즈리치는 기업의 인사 및 채용에 관한 데이터를 가시화해서 재용 과정을 효율화하는 서비스 'HRMOS(하모스) 채용 관리'를 클라우드로 제공하고 있다. 이 서비스는 'ATS(채용 관리 시스템)'라고도 하며 'HR 테크' 분야에서 주목받고 있다.

기존에는 기업이 웹사이트에 구인 정보를 올려 지원을 기다리고, 서류로 걸러낸 후 면접을 봤다. 그러나 기다리기만 해서는 우수한 인재를 채용하기 어려운 지금 시대에는 기업이 더 주체적으로 채용을 실시하는 '다이렉트 리크루팅'으로 옮겨 가고 있다. 채용 과정의 관리가 담당자의 중요한 업무가 되고, 업무의 양과 범위가 증가하고 있다.

우수한 인재는 수많은 기업이 주목하므로, 채용까지 걸리는 시간의 단축도 성패를 가르는 지점이다. 그러나 많은 기업에서는 표 계산

소프트웨어 등을 사용해서 채용 상황을 관리하는 것이 실상이다. 각 행마다 지원자의 이름이 있고, 1차 면접은 누가 면접관이었고 몇 월 며칠에 실시했으며 평가는 어땠다는 형식이다. 채용 담당자는 지원자의 응대는 물론이고 면접관의 일정과 진행 관리라는 사내 조정, 거기에 외부 에이전트(*기업과 구직자를 매개하는 일종의 취업 코디네이터 - 옮긴이)에 대한 대응까지 수행해야 한다.

'HRMOS'는 경험과 감과 표 형식으로 이루어지는 관리에 의존하던 기업의 채용 과정과 각종 데이터를 간결한 화면으로 일원화해 관리한다. 지원자 현황과 면접 일정 관리는 물론, AI를 이용한 지원자 추천과 서류심사 평가 예측 등의 기능을 통해서 기업과 지원자가 서로 맞지 않는 상황을 줄일 수 있다. 나아가 SNS의 활용과 직원의 소개를 통한 채용, 과거에 접촉한 인재도 대상으로 삼는 '인재 풀' 등의 다채로운 기능도 갖추고 있다.

채용과 마케팅

사실 채용이란 마케팅에 매우 가까운 특성을 가지고 있다. 그 PDCA의 순환을 위해서는 채

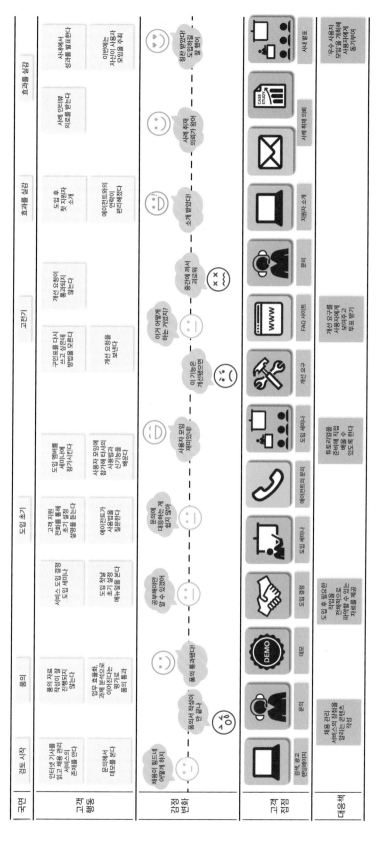

▶HRMOS의 고객 여정 지도

109

용에 관련된 데이터를 집약하고, 개인이 좌우하는 작업을 배제하고, 정량적으로 바라볼 필요가 있다. 그러므로 HRMOS는 채용 마케팅을 지원하는 플랫폼이라고 할 수 있다.

그러나 채용과 관련된 과제에 직면한 기업은 많아도, 컴퓨터에 기본적으로 들어 있는 표계산 소프트웨어를 사용해서 관리하면 비용은 들지 않는다. 실제로는 담당자가 초과근무를 하거나 파견 인력을 고용해서 업무를 처리하므로 그만큼의 비용이 발생하지만, 인사 채용 부문이 유료 인사 채용 관리 서비스를 이용하는 데에는 장벽이 있는 것이 현실이다. HRMOS는 잠재적인 수요를 발굴하며 도입을 확대시킬 필요가 있었다.

서비스 초기에는 비교적 규모가 작고 IT와 친숙한 기업이 많았는데, 현재는 대기업의 도입도 늘고 있다. 인재 확보 경쟁을 배경으로 '강한 채용'이 필요하다는 위기감, 인사 채용 업무의 부담을 경감하고 전략적으로 활동하고자 하는 니즈가 증가하고 있기 때문이다.

비즈리치는 '시장이 우리에게 다가오고 있다'라고 느끼면서도 현재는 시장을 창출하고 유지하며 씨앗을 뿌리는 단계라고 인식하고 있다. 그렇기 때문에 마케팅 분야에서는 '리치(도달률)'를 중시하고, 정책 분야에서는 대규모 'HR 박람회' 등의 행사 출장, 행사 스폰서십, 세미나 참가자 모집을 강화하고 있다.

'도입 이후'의 여정을 주목해야

비즈리치가 사내에서 실시한 워크숍에서는 HRMOS 채용관리사업부의 직원이 참가했다. 여정의 초점은 'HRMOS 도입을 결정해서 이용을 시작'하는 데에 맞추었다. 그 이유는 '도입을 결정한 후의 경험'을 중시하고 '계속 계약'을 목표로 했기 때문이다. 고객이 도입한 시스템을 잘 활용해서 고객 만족도가 높아져야 계약이 계속 유지된다. 그러므로 **'고객이 만족하고 스트레스 없이 이용할 수 있어야 한다'라는 관점에서 고객 여정 지도를 개발했다.**

시작점은 '도입 시작', 도착점은 '사내 성과 발표.' HRMOS는 1년 계약이므로 여정의 기간은 1년으로 설정하고, 그동안 고객이 서비스에 애착을 느끼게 하는 일을 중시했다.

여정에서는 고객이 계약 후 계정을 생성하고 전화로 지원을 받으며 이용을 시작한다. 그 후 도입 세미나를 거쳐 이용의 정착을 향해 나아간다. 이용을 시작하는 데에 1개월, 활용하는 데에 3개월이 걸린다. 실제 데이터를 입력해서 실무를 수행하고 채용 과정을 한 번 거쳐보지 않으면 과제를 발견할 수 없기 때문이다.

비즈리치에서는 고객이 서비스에 익숙해질 때까지의 이 시간을 '고전기'라고 부른다. 이때 많은 과제가 드러나기 때문에 특히 이 시기에 고객 지원을 풍부하게 제공한다. 그리고 HRMOS의 효과를 실감하며 3개월에서 9개월이 지난 후, 계약의 갱신으로 이어지는 형태가 된다. 워크숍에서는 그 흐름을 따라 의견을 제시하며 고객 여정 지도를 개발했다.

고객 행동과 감정 변화 칸은 금세 포스트잇으로 꽉 찼다. 그럴 때 퍼실리테이터는 서로 비슷한 아이디어를 겹쳐 붙이는 등으로 정리했다. 그렇게 해서 완성한 고객 여정 지도는 사진을 찍어 보존할 뿐 아니라 **그 내용을 표로 정리했다.**

위의 표에서는 고객 여정 지도에 나타나는 고객의 행동과 감정의 변화를 나열하고 긍정적인 감정은 파란색, 부정적인 감정은 분홍색으로 표현했다. 노란색으로 강조한 항목은 **'어디서부터 개선해야 효과가 크고 ROI가 높을까?'** 라는 관점에서 논의했을 때 우선순위가 높다고 판단한 부분이다. 대응책을 생각할 때는 그 항목들에 초점을 맞추어 논의했다.

'제품으로 해결하는' 부분을 늘려 나간다

고객 여정 지도를 검토하면서 몇 가지 정책을 개선했다. 그중에서도 중요한 고객 접점 중 하나인 세미나는, 도입한 기업을 개별적으로 찾아가 실시하던 것을 여러 기업이 참가할 수 있는 스쿨 세미나 형식으로 변경했다. **'타사의 사례를 듣는 것이 흥미롭다'**라는 고객의 감정에 대응한 결과다.

그리고 개별적으로 질문하고 싶은 부분이 있으면 그 자리에서 질문하도록 했다. 질문이 없다는 것은 만족했다는 뜻이냐 하면, 그렇지는 않다. 궁금한 점을 묻고 싶었지만 묻지 못한 사람은 그대로 가 버리기도 한다. **질문하는 고객사와 질문하지 않는 고객사 중에서 전자의 계약 갱신율이 더 높은 경향**이 데이터를 통해 밝혀졌다. 그렇기에 세미나에서는 찾아온 고객의 목소리에 확실히 귀를 기울이고 적극적으로 반영한다.

한편 제품도 더욱 사용하기 쉽도록 계속 개선하고 있다. 고객이 실제로 서비스를 이용할 때, 다음 순서로 무엇을 해야 하는지 곧바로 알고 싶을 때가 있다. 때문에 튜토리얼의 작성에도 착수했다. 튜토리얼은 글로 된 '도움말'과는 달리 HRMOS의 사용자 인터페이스에 표시되어 실시간으로 다음 순서를 안내한다.

이처럼 '제품으로 해결하는' 부분을 늘려 나감으로써 사용법에 대한 문의를 줄일 수 있다면, 고객의 업무 개선을 지원하는 커스터머 석세스 팀은 전략적인 인사 및 채용을 위한 제안과 소통에 주력할 수 있을 것이다.

이런 개선이 어떤 성과를 낳고 있는지 알기 위해 비즈리치에서는 가설 확인의 일환으로 3개월째와 8개월째에 **NPS**(고객 추천도)를 조사하고, **고객의 감정이 고객 여정 지도대로 변화하는지 확인하고 있다.**

생태계 구축을 생각하다

채용, 인재 육성, 배치, 평가 등 인사 담당자의 업무는 여러 분야에 걸쳐 있는데, 더욱 전략적인 인사를 실현하기 위해서는 새로운 도전이 필요하다. 비즈리치는 HRMOS라는 서비스를 다양한 인사 채용 업무를 위한 서비스군의 하나인 '채용 관리 모듈'로 인식하고, 앞으로 다른 모듈을 출시하는 일을 검토하고 있다.

외국에서는 HR 시장에 새로운 기술과 서비스가 점차 등장하고, 서드 파티가 생태계를 형성하고 있다. 비즈리치는 앞으로 채용 업무의

구역	도입 개시일	전화 도입 미팅	전화 도입~도입 세미나
고객 행동	도입 개시일에 받은 메일을 확인 / 초기 설정 매뉴얼을 본다	고객 지원(CS) 담당자의 전화를 바탕으로 설정을 진행 / 다음 번 도입 세미나에 대한 안내를 받는다 / 도입 세미나(에서 제출할 제출을 받는다	이제부터 HRMOS를 사용할 것이라고 면접관에게 설명 / 면접관 계정을 발급 / 이제부터 HRMOS를 사용할 것이라고 에이전트에게 설명 / 에이전트 계정을 발급
감정 변화	로그인 방법을 잘 모르겠어 / 매뉴얼을 보면서 설정…어려워 보여 / 이제부터 언제까지 일을 해야 하는지 잘 모르겠어 / 정말로 과제를 해결할 수 있을지 불안해	생각보다 쉽게 사용할 수 있을 것인가 / 전화로 들으면서 작업하려니 잘 모르겠어… / 어면 설정부터 해야 하는지, 전화와 매뉴얼이 있으면 왜 어려네 / 매뉴얼이 오래됐어 / 더 많이 진행하고 싶은데… / 이제부터 새로운 툴을 사용한다니 기대돼	면접관이 직접적이고 알기 쉽다고 말해서 다행이야 / 왜 HRMOS를 사용하는지, 이렇게 사용하는지 사내에 고지하는 일이 힘들어… / 계정을 발행하고 나면 면접관들의 문의가 쏟아져서 큰일이 / 에이전트가 다른 회사에서도 HRMOS를 쓰고 있다고 말해서 안심돼 / 이런 기능, 저런 기능이 있으면 좋겠는데
고객 접점	이용 개시일 매일(시스템 자동 발신) / 초기 설정 매뉴얼	매뉴얼 보내줄 줄 없어 / 전화를 통한 초기 설정 미팅 / 초기 설정 매뉴얼	서 안심돼 / 문의(전화, 문의 양식, 메일)
대응책	도입 후 설명 자료(필요한 작업의 전체적인 모습을 시간의 흐름대로 설명할 수 있는 자료)	튜토리얼(CS 담당자의 설명이 없어도 어느 정도 설정할 수 있음) / 초기 설정 매뉴얼	튜토리얼 · 면접관과 에이전트에게 사용법을 설명(간단한 FAQ) · 계정 발급, 구인 양식 작성 등 가장 힘든 단계를 지원 · 궁금한 점을 신속히 해소할 수 있음(FAQ, 채팅 지원)

▶ 완성한 지도를 표로 정리한 자료의 일부. 긍정적인 감정은 파란색, 부정적인 감정은 분홍색, 대응이 필요한 항목은 노란색으로 나타내 행동으로 연결한다.

효율화뿐만이 아니라 전략 면에서도 기업들을 지원하기 위해 고객 여정 지도를 활용해서 서비스와 제품을 개선할 계획이다.

HRMOS 채용관리사업부에는 영업, 커스터머 석세스, 제품 개발, 마케팅이라는 4가지 조직이 있으며 구성원들은 전부 서로 가까이에 있다. 고객 여정 지도를 함께 바라보며 '다음에는 저기에 가서 이걸 하자'라는 공통 인식을 가질 수 있는 것이다. 사업부의 직원들은 고객 여정 지도를 만들며, 거기에서 얻은 발견을 사내에 전파하고 업데이트하는 일도 잊지 않고 있다.

사례의 요점

- 도입 후의 '고전기'를 주목. 계속되는 이용을 유도하기 위한 여정을 그려낸다.
- 감정 변화를 상세히 나열하고, 우선순위가 높은 국면을 정해 대응책을 검토.
- 지표에 NPS를 도입하고, 활용이 시작되는 3개월째와 효과를 실감하는 8개월째에 고객의 상태를 확인한다.
- 영업, 커스터머 석세스, 제품 개발, 마케팅이라는 네 부문이 지도를 바탕으로 다음 행동을 계획한다.

스타트업이 실천하는
지도를 활용한 고속 PDCA

영역 B2B　　　　**사업** 음식점 예약/고객 명부 서비스 '토레타'의 개발 및 제공

고객의 '번창'을 외면하지 않는 조직 만들기

고객을 응대하느라 바쁜 음식점에서는 직원이 예약 전화를 받고, 종이로 된 예약 명부에 기입하고, 예약의 취소와 변경까지 관리하는 것은 부담이 큰 작업이다. 전화 내용을 잘못 듣거나 더블 부킹이 되는 등의 문제가 일어나기도 한다. 2013년 설립된 토레타는 그런 고민을 해결하기 위해 음식점에 예약/고객 명부 서비스 '토레타'를 제공하고 있다.

토레타를 도입하면 직원이 아이패드 화면에 예약 정보를 입력하거나 이용자가 인터넷에서 예약하는 것만으로 자동으로 예약 명부에 등록된다. 쉽게 조작할 수 있는 인터페이스, 축적한 데이터를 집계 및 분석하는 기능 외에 고객 응대의 개선에 기여하는 고객 명부 등 풍부한 기능을 갖추고 있다. 매년 점포의 약 10%가 교체되는 요식업계에서 토레타는 1만 곳 이상의 점포에 도입되어 음식점 예약/고객 명부 서비스에서 업계 1위, 계약 갱신율 99%라는 높은 인기를 얻고 있다.

토레타의 세일즈&마케팅 본부에는 현재 두 개의 비즈니스 유닛이 있다. 하나는 '엔터프라이즈 비즈니스 유닛(EBU)', 다른 하나는 '커머셜 비즈니스 유닛(CBU)'이다. EBU는 10곳 이상의 매장을 운영하는 법인을 대상으로 하며, 그중에는 그룹 전체로 볼 때 1,000곳의 매장을 보유하고 2,000억~3,000억 원의 연 매출을 올리는 법인도 있다. 한편 CBU는 매장이 10곳 미만, 대체로는 1곳에서 많아야 3~4곳인, 가업에 가까운 형태의 사업체를 대상으로 한다.

▶토레타의 화면. 매장 측의 화면에서는 예약한 자리의 위치와 시간대 등을 확인할 수 있다.

스타트업으로 빠르게 성장한 토레타는 조직 개혁도 신속하다. 2017년도까지는 잠재적 고객 확보, 영업, 커스터머 석세스 등 기능마다 조직이 나뉘어 있었다. 그러나 고객 프로파일이 정리되지 않아 논의가 제자리걸음하기도 했고, 각자의 기능을 초월해 협업할 필요가 커졌기 때문에 2018년도부터 EBU와 CBU로 나누고 유닛마다 각각의 기능을 보유한 섹션을 마련하게 되었다.

토레타의 목표는 '고객인 음식점이 번창하는 일' 그 일을 외면하지 않고 전념하는 새로운 체제가 시작되었다.

고객 여정 지도의 '해상도'

조직 변경의 발표와 동시에 세일즈&마케팅 본부는 고객 여정 지도 워크숍을 사내에서 개최했다.

토레타의 고객 여정 중 다수는 리드(문의 등을 계기로 생겨난 잠재적 고객)의 상태에서 수주를 받아 고객이 되어 온보딩(서비스를 도입한 음식점이 서비스를 잘 활용할 수 있도록 지원하는 일)의 과정을 거쳐 커스터머 석세스에 다다른다.

CBU 팀이 제작한 페르소나는 밀라노에서 요리를 배운 이탈리아 음식점의 오너다. 가게는 30석 규모이며, 고객이 늘지 않는 것이 고민이다. 토레타라는 서비스는 알고 있지만 이점은 이해하지 못한 상태다. 이 페르소나의 상태가 고객 여정의 시작점이 된다. 도착점은 고객 수를 늘어나 가게가 번창하고, 새로운 매장을 오픈하는 것이다. 여정의 기간은 1년이다.

워크숍에서는 완성한 고객 여정 지도를 앞에 두고 논의했다. 거기서 부상한 과제는 **참가자들이 적어 넣은 고객에 관한 디테일에 현실성이 부족하다는 점**이었다. 그 외에 정책이 일관되지 못하기도 하고, 고객 여정 지도의 전체를 볼 때 해상도가 낮은 부분과 높은 부분이 뒤섞여 있었다.

디테일이 확실하게 살아 있는(해상도가 높은) 부분은 고객의 상태를 잘 파악하고 있으므로 그대로 내버려 둬도 잘 된다. 그러나 해상도가 낮은 부분은 '약점'이라고 할 수 있다. 그중에서도 커스터머 석세스의 '고객 점포를 어떻게 번창시킬까'라는 부분의 해상도가 매우 낮다

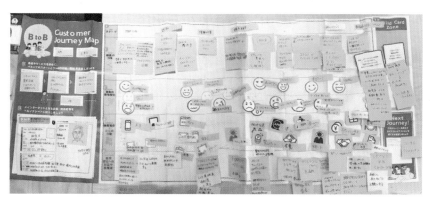

▶토레타의 CBU 팀이 작성한 고객 여정 지도. 138페이지에서 소개할 키트를 이용해서 작성했다.

는 결론에 다다랐다.

성장 잠재력은 '커스터머 석세스'

스타트업의 세계에서는 LTV(고객 생애 가치)를 CAC(고객 획득 단가, CPA와 같은 뜻)로 나눈 '유닛 이코노믹스'라는 지표가 있으며, 3.0 정도가 적절하다고 간주한다. 수많은 스타트업은 CAC를 끌어올리고 LTV를 개선하기 위해 활동한다. 토레타의 경우도 이 이론을 따라 서비스 시작 시부터 토레타 도입 점포의 만족도를 높이고, 해약률을 낮추고, LTV를 개선하기 위한 활동을 해 왔다.

서비스 런칭 초기에는 이런 새로운 시스템에 익숙하지 않은 음식점이 많았기 때문에, 현장 식원들이 실제로 업무에서 활용하고 시스템이 가동되는 상태를 실현하는 '온보딩'에 주력했다.

토레타에는 인터넷 예약을 자동으로 명부에 등록하는 시스템이 내장되어 있기 때문에, 토레타를 도입하면 매장 직원이 아무 일도 하지 않아도 예약 정보가 축적된다. 그러나 토레타는 단순히 예약이 입력된 상태를 '가동'으로 정의하지 않는다. 직원이 전화로 받은 예약을 입력하고, '오늘은 이런 고객이 오는구나'라고 명부를 확인한다. 이처럼 일상적인 운영 속에 토레타가 녹아들어간 상태를 중시하는 것이다.

토레타를 도입한 점포의 가동률이 90%를 넘는 현재, 토레타의 목표는 그 너머에 있다. 예약 정보를 스마트하게 관리하는 일은 물론, 가게의 번창에 없어서는 안 되는 존재가 될 때 비로소 높은 고객 만족을 얻을 수 있다. 토레타의

기능을 더 많이 사용하도록 하고, 고객 응대의 질을 높이고, 고객 확보와 재방문에 공헌하고, 고객 수를 늘리고, 매출 향상에 기여하는 것이 목표다.

그러기 위혜 무엇을 해야 할지 고객 여정 지도를 바탕으로 논의한 끝에 다다른 결론이 '성장 잠재력은 커스터머 석세스에 있다' 였다. 토레타를 도입한 점포가 기능을 더욱 활용하도록 해서 번창에 공헌하는 영역이야말로 토레타의 성장 잠재력임을 팀 전체가 이해하면 다음 단계로 나아갈 수 있다.

점포의 번창을 실현하기 위해

토레타는 커스터머 석세스를 추구하며, 점포의 번창을 실현하기 위해 독자적인 지표를 고안했다. 가령 두 점포 중 어느 쪽이 더 번창하고 있는지 판단할 때 점포 A의 월 매출은 5,000만 원, 점포 B는 8,000만 원이라고 하면 점포의 넓이, 임대료, 업태, 테이블 수, 객단가 등의 조건에 따라 평가가 달라진다.

비슷한 업태의 점포들은 평균이 어떤지, 그

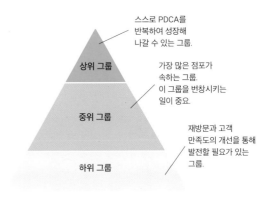

상위 그룹 — 스스로 PDCA를 반복하여 성장해 나갈 수 있는 그룹.

중위 그룹 — 가장 많은 점포가 속하는 그룹. 이 그룹을 번창시키는 일이 중요.

하위 그룹 — 재방문과 고객 만족도의 개선을 통해 발전할 필요가 있는 그룹.

▶지표로 만든 예상 매출을 기반으로 그룹을 나누면 중위 그룹의 점포가 압도적으로 많다.

점포가 평균에서 얼마나 벗어나 있는지 보기 위해 토레타는 **예상 매출을 지표로** 만들었다. 분석한 결과 점포가 번창하는 정도에 따라 점포가 겪는 문제가 완전히 달라짐이 명확해졌다.

번창의 정도에 따라 점포를 세 그룹으로 나누면 중위 그룹에 속하는 점포가 압도적으로 많다. 한편 상위 그룹은 시스템을 능숙하게 활용하며 스스로 PDCA를 잘 반복하고 있다. 토레타가 할 일은 중위 그룹의 과제를 해결해서 번창으로 이끄는 일이다. 그러기 위해서는 할 일이 많다. 그런데 거기에 임하는 커스터머 석세스 팀과 마케팅 커뮤니케이션 팀의 지식과 견해에는 차이가 있었다. 양쪽의 지식과 견해를 융합할 필요가 있다고 판단한 토레타는 다시 한 번 워크숍을 개최했다. 그렇게 해서 커스터머 석세스 고객 여정 지도를 다시 그렸을 때 드러난 과제를 파악하고 업무를 재검토했다.

개발 부문도 함께, 데이터 기반을 강화해나가다

토레타는 지금 '번창을 외면하지 않는 커스터머 석세스'를 주제로 내걸고, 실현이 이루어지고 있는지 지표를 확인하며 프로젝트를 진행하고 있다. 기존에는 시스템의 가동 상황만 살폈으나 현재는 어느 버튼을 몇 번 클릭하는지, 클릭과 클릭 사이의 간격이 얼마인지 측정하기 시작했다. 그렇게까지 치밀하게 측정하는 데에는 이유가 있다. **점포의 번창을 위해 토레타를 이렇게 써 줬으면 좋겠다는 스토리가 짜여 있기 때문에, 그대로 활용되고 있는지 확인하기 위해서다.**

토레타는 PDCA를 빠르게 반복하기 위해 앞으로 개발 직원들도 함께하며 더욱 데이터 기반 조직으로 발전하려 하고 있다. 그 실현을 위해서는 서로 역할이 다른 직원들의 공동 작업이 전보다도 더 많이 필요해질 것이다.

스타트업 기업이기에 빠르게 학습하고 변화하고자 하는 토레타는 기회가 있을 때마다 워크숍을 개최해 고객 여정 지도를 그려 왔다. 때로는 논의가 진행되지 않거나 처음부터 다시 시작하기도 한다. 그러나 워크숍을 통해 다 같이 아이디어를 내며, 서로 다른 생각과 역할이 창의성의 원천이 되는 것을 많은 직원들이 경험하며 이해하기 시작하고 있다.

사내의 다양성을 환영하고 차이야말로 강점이라고 인식하는 일. 그리고 고객 여정 지도를 알차게 써먹겠다는 자세로 워크숍에 임하는 일. 그 진취적인 자세와 속도가 토레타의 최대 강점이라고 할 수 있다.

사례의 요점

- 조직 변경을 계기로 워크숍을 개최. 조직 공통의 고객 이해를 강화하는 계기가 되었다.
- 지도를 보며 논의하고, 해상도가 높은 부분과 낮은 부분이 있음을 인식.
- '성장 잠재력'인 커스터머 석세스를 위해 관련 부서가 다시 워크숍을 개최.
- 워크숍을 통해 사내의 다양성이 창의력의 원천임을 경험.

[취재 협력]   주식회사 토레타
CMO 최고마케팅책임자 세일즈&마케팅 본부 본부장 세가와 겐이치

CEO도 워크숍에 참가, 고객 경험 혁신을 위한 열정 공유

영역 B2B　　　　　사업 기업 및 업계 정보 플랫폼 'SPEEDA'의 개발, 운용, 지원 서비스

기업의 정보 수집·분석 니즈 증가에 부응하다

유저베이스는 2008년에 창업한 후로 일관되게 기업 및 비즈니스 종사자의 의사결정을 지원하는 정보 서비스를 제공해 왔다. 현재는 기업 및 업계 정보 플랫폼 'SPEEDA', 경제 소셜 미디어 'NewsPicks'를 중심으로 외국에 진출하고 있다.

SPEEDA는 이름에서 알 수 있듯 비즈니스와 관련된 다양한 정보를 빠르게 수집하기 위한 서비스다. 비즈니스 종사자들은 제안 자료의 작성, 업계와 경쟁에 관한 조사 등 평소 정보의 수집과 분석에 많은 시간을 소비하고 있다. 인터넷에서 쉽게 검색할 수 있다고는 해도 신뢰성이 높고 범위가 넓은 정보를 사람이 직접 수집하는 데에는 한계가 있고, 기존의 방법으로는 수집할 수 없는 데이터도 있다.

SPEEDA에서는 세계 200개국 500만 개 기업의 데이터, 150만 건의 M&A 정보, 10만 가지 이상의 통계, 2,000부 이상의 업계 보고서, 2,000만 건 이상의 뉴스, 업계 관련자 정보를 통일된 사용자 인터페이스를 통해 활용할 수 있다. 예전에는 투자처를 찾는 펀드와 컨설팅 기업 등 정보의 조사와 수집에 능숙한 고객이 많았다. 현재는 다양한 업종과 업태의 회사가 SPEEDA를 많이 도입하고 있으며, 동시에 **'원하는 데이터를 못 찾겠다' '어떻게 찾으면 좋을지 모르겠다'**라는 문의도 받게 되었다.

제품만으로 고객의 요구에 부응하는 일에 한계를 느낀 유저베이스는 고객을 위한 컨설팅 기능을 보강하고 팀에 대한 투자를 강화했다.

▶SPEEDA는 각종 리소스를 추적해야만 얻을 수 있는 정보를 일괄적으로 수집해서 업무의 효율을 높인다.

정말로 개선해야 하는 것은 여정의 어느 부분인가?

SPEEDA의 컨설팅 팀에는 예전에 금융기관에서 일할 때 고객으로서 서비스를 사용해 보고, 그 사용자 경험에 충격을 받아 유저베이스로 이직한 인물이 있다. 이 인물은 컨설팅

▶활기찬 워크숍 현장.

서비스 팀의 매니저가 된 후 새로 합류한 구성원들과 함께 커스터머 석세스 팀을 꾸리고, SPEEDA 도입 후의 활용 과정에 더욱 주력하고자 하고 있었다.

그런 상황에서 실시한 고객 여정 지도 워크숍에는 CEO 이나가키 유스케를 포함해 마케팅, 인사이드 세일즈, 필드 세일즈 등 여러 부서의 직원이 참가했다. 한 팀에 4명씩 네 팀, 총 16명이 고객 여정 지도를 작성했다. 페르소나는 유저베이스가 이제부터 개척하고자 하는 대기업. 여정의 기간은 서비스를 도입한 후 1년으로 설정했다.

SPEEDA는 '기업 및 업계 정보 플랫폼'이므로 고객의 기대치는 높은 상태에서 시작한다. '이런 데이터는 없나?'라는 질문도 있고 '이런 상품을 새로 만들었는데 판매처를 찾고 싶다' '이런 회사와 비즈니스를 하고 싶다' '여성 임원이 많은 회사와 접촉하고 싶다' 등 요구의

범위가 넓으며, 비즈니스의 과제와 깊이 관련된 문의, 아직 구체화되지 않은 논의도 많다. 그런 이유로 워크숍에 참가한 컨설팅 팀은 서비스 도입 후의 정책을 중시하고 있었다.

그런데 실제로 작업이 시작되자, **계약에 이르기 전 영업 담당자가 접근하는 단계에서 필요한 일, 효율을 높일 수 있는 부분이 발견**되었다. 또 인사이드 세일즈에서 필드 세일즈로 향하는 기존의 흐름이 정말로 좋은지에 대한 의문, 회사의 이상을 기반으로 영업의 효율을 높이고 우수한 영업 담당자들의 노하우를 체계화해서 조직에 의식하자는 의견도 나왔다.

'감정 변화'를 찾아내는 단계에서도 새로운 발견이 있었다. 고객 측에서 일하는 직원들은 평소부터 고객의 감정을 상상하며 일하는 경우가 많기 때문에 감정 카드를 재빠르게 적어낼 수 있었다. 그렇게 해서 고객의 감정을 가시화해 나가자 다른 부서의 직원들도 "여기서는

▶이나가키 CEO(왼쪽)가 참가한 팀도 있다.

고객이 울상이지 않을까요?" "사실 이 부분이 부족한지 몰라요." 하며 적극적으로 의견을 제시하게 되었다.

SPEEDA는 전체적으로 100명 이상의 직원이 관여하는 대규모 사업이다. 항상 팀을 초월해 사이좋게 지내는 직원들이, 목표를 정하고 함께 생각하며 고객 여정 지도라는 하나의 성과물을 만들어내는 일은 흔히 일어나지 않는다. 그만큼 사내의 관심도 높았다.

워크숍이 시작되자 수많은 직원들이 견학을 왔다. CEO와 막내 사원이 모두 적극적으로 아이디어를 내며 워크숍은 후끈 달아올랐다. 퍼실리테이션이 잘 기능한 것도 하나의 요인이 되어 2시간은 눈 깜짝할 사이에 지나갔다.

CEO도 참가해서 뜨거운 논의가 이어지다

고객이 SPEEDA를 알게 되고 계약을 해서 도입한 후 '쓰기 좋다' '쓰기 어렵다'라고 느끼는 일련의 흐름 속에서, 조직은 마케팅, 영업, 고객 지원 등 기능별로 나뉘어 있다. 워크숍에서는 고객 여정이라는 '하나의 흐름'을 의식함으로써 서로 연계된 정책의 중요성을 새삼 인식할 수 있었다.

커스터머 석세스는 여정 후반에 관여하는 부서다. 여정 초반의 '고객이 이런 상태이기를 바란다'라는 부분에서는 콘텐츠 팀의 역할이 크다. 그러나 콘텐츠 팀은 고객과 접할 기회가 많지 않았다.

고객과의 접점이 없는 만큼 '고객은 이런 것을 원하지 않을까?'라는 막연한 질문에 대해서는 '정말 그럴까?' '그런 고객은 어떤 고객일

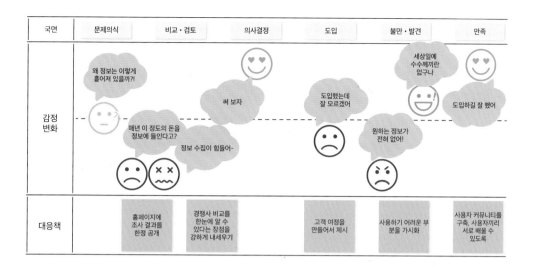

국면	문제의식	비교·검토	의사결정	도입	불만·발견	만족
감정 변화	왜 정보는 이렇게 흩어져 있을까?! / 매년 이 정도의 돈을 정보에 들인다고? / 정보 수집이 힘들어-	써 보자		도입했는데 잘 모르겠어 / 원하는 정보가 전혀 없어!	세상일에 수수께끼란 없구나 / 도입하길 잘 했어	
대응책	홈페이지에 조사 결과를 한정 공개	경쟁사 비교를 한눈에 알 수 있다는 장점을 강하게 내세우기		고객 여정을 만들어서 제시	사용하기 어려운 부분을 가시화	사용자 커뮤니티를 구축, 사용자끼리 서로 배울 수 있도록

▶ 고객의 감정 변화를 인식해 '대응책' 칸의 여정 초반에는 콘텐츠를 강화하는 아이디어들이 있다. (전체 지도의 일부를 발췌)

까?'라는 식으로 논의가 좀처럼 발전되지 않는다. 콘텐츠 팀이 다른 부서의 직원과 함께 고객의 행동, 감정, 접점을 가시화하고 고객은 어떤 상태일 때 행복한지, 고객은 무엇을 기대하는지 파악하며 공통의 언어로 대화한 것은 매우 좋은 경험이었다.

이번 워크숍은 직원들이 생각하던 판에 박은 워크숍의 이미지를 깨부수었다. 그만큼 참가하지 않은 직원들에게 워크숍의 내용을 설명하는 일이 쉽지 않았다. 유저베이스는 비즈니스 채팅 툴인 Slack에 '이 시도에서 배울 점'이라는 채팅방을 만들고, 워크숍의 사진과 영상을 공유해서 논의를 위한 환경을 조성했다. 그 결과 참가한 직원들과 견학한 직원들의 피드백이 수집되어 더 깊이 있는 논의로 이어졌다.

배경이 저마다 다른 직원들이 단기간 동안 이렇게 많은 의견을 공유하고 심지어 정책에 반영했다. 이것은 직원들에게 커다란 발견이

었다. 워크숍에 참가한 CEO도 '아주 좋은 경험이었습니다. 정말 고맙습니다! 이런 경험을 SPEEDA다운 커뮤니티와 커스터머 석세스로 연결합시다.'라는 글을 올렸다. 평소에는 직원들의 논의를 지켜보기만 할 때가 많은 CEO가 올린 글에, 워크숍에서 시작된 열기는 더욱 고조되었다.

커스터머 석세스의 본질을 발견하다

워크숍을 통해 다시 한 번 실감한 점은 **커스터머 석세스라는 큰 목적 앞에서 하나의 부서가 할 수 있는 일은 많지 않다**는 것이었다. 제한된 자원을 가지고 무언가 새로운 일을 하기 위해서는 무언가를 그만둬야 한다. 그럴 때 중요한 것이 **커스터머 석세스에 대해 생각하는 사람의 수를 늘리는 것이다.**

고객 중에는 직원들도 압도될 만큼 커다

란 열정으로 SPEEDA를 대하는 사람들이 있다. 고객 지원 데스크에 못지않은 지식을 지닌 'SPEEDA 박사'도 있고, 회사 외부의 지인들에게 SPEEDA를 열렬히 추천하는 사람도 있다. 컨설팅 팀은 그런 사람들을 선보다 더 신경 쓰고, 그 사람들이 왜 그렇게 되었는지 이해하고, 그 사람들이 '바로 이런 걸 원했어'라고 진심으로 반가워할 만한 기능과 서비스를 창출하자고 생각하게 되었다.

유저베이스가 제공하는 SPEEDA, NewsPicks, FORCAS, entrepedia라는 서비스에는 저마다 열성 팬들이 있다. 민감한 독자가 많은 NewsPicks의 경우, 뉴스나 댓글을 접한 고객이 의사결정을 하며, 커리어를 향상시키는 고객 여정이 이상적일 것이다.

이것을 SPEEDA로 바꾸어 생각하면 어떻게 될까? 지금 눈앞에 있는 것은 다음과 같은 고객상이다. 스스로 정보를 수집하기 위해 공부하고, 회사를 조금씩 더 좋은 방향으로 변혁하고자 하는 사람. 회사에는 그런 사람이 많

이 있을 것이다. SPEEDA는 그런 멋진 사람들의 의사결정을 도우며 함께 비즈니스를 성장시키고자 한다. 그리고 여기저기 흩어져 있는 서비스의 팬들이 커뮤니티를 만들고 고객과 담당자가 각자의 애정을 공유하는 형태로 체계화할 계획이다.

유저베이스는 앞으로 여러 팀이 연계하며 그 중심축이 되는 고객 여정과 커스터머 석세스를 구축하고 신속히 변화해 나가려 한다.

사례의 요점

- 사업부의 방침이 크게 변화하는 시기에 워크숍을 개최.
- 처음에는 도입 후의 정책을 중시했으나, 워크숍에서는 계약 전 상태에서 개선의 여지를 발견.
- 분업 조직에서도 '고객 여정'이라는 하나의 흐름을 의식하는 일의 중요성을 인식.
- 열정적인 고객들을 의식하고, 커스터머 석세스를 위한 노력에 그 고객들에 대한 이해를 반영할 가능성을 발견.

[취재 협력]　　주식회사 유저베이스
커스터머 석세스 팀 매니저 우사미 시노
커스터머 석세스 팀 매니징디렉터 이노우에 다쿠야

지도의 바탕은 종이여도 좋고 화이트보드여도 좋다

고객 여정 지도는 화이트보드에 그릴 수도 있고 큰 종이에 그릴 수도 있다. 환경에 따라 더 편한 쪽을 선택하면 된다. 종이를 사용하는 경우는 A3용지 6장을 가로 3장 × 세로 2장으로 연결하면 딱 좋은 크기가 된다. 종이에 작성하면 그대로 벽에 붙일 수 있기 때문에 편리하다. 완성한 지도의 사진을 반드시 찍어 두자.

사진은 나중에 사내에서 정보를 공유할 때 사용한다. 지도 전체와 함께 페르소나 시트, 와일드카드의 대응책도 포함해서 포스트잇의 글자가 잘 보이도록 여러 장으로 나누어 촬영하자.

5장에서는 실제로 워크숍을 실시한 회사 6곳의 사례를 소개했다. 지도를 기점으로 사내의 의식이 변화하고 새로운 정책이 마련되었다. 다음 장에서는 지도를 행동으로 연결하기 위한 핵심을 설명하겠다.

지도를 행동으로
연결하자

[기본편] 고객 여정 지도를 사내에 공유하자

지도에서 배운 점을 돌아본다

실제로 지도를 작성하고 사례를 살펴보면서 몇 가지 발견한 점이 있을 것이다. 고객 여정 지도와 워크숍을 통해 얻은 깨달음을 체계적으로 정리해 보자.

1. 고객 시점의 공통언어화

한 가지 전제는 기업의 조직이 분업 체계라는 것이다. 사업 목표와 실적 지표, 공통 인식과 직원의 전문성 등의 배경은 부서마다 다르다.

예를 들어 마케팅 부문은 홍보와 광고, 디지털 대책 등을 담당한다. 마케팅 부문의 비즈니스 지표는 브랜드 인지도의 상승률, 신규 고객 증가율, 웹사이트의 접속자 수 등이다. 영업 또는 판매 부문은 그쪽의 프로 집단이다. 매일 계약률과 매출 금액을 따라 움직인다. 제품 이용자를 응대하는 고객 지원 부문은 고객 만족도의 개선과 서비스의 계속적인 이용 등이 업무의 주축이다.

각 부문에 저마다 전문 영역이 있고, 주어진 목표를 달성해 나가는 자체는 바람직한 일이다. 그러나 부문별 목표에만 너무 최적화되면 각자 고립되어 고객의 시점에서 일관된 경험을 창출하기 어려워진다.

고객 여정 지도는 **'고객'이라는 공통언어로 서로 다른 부문과 경험, 가치관을 연결하는 접** 근법이다. 5장의 사례에서도 볼 수 있듯 지도가 있으면 사내에서 공통 이해를 바탕으로 대화할 수 있게 된다. 공통언어화의 가장 강력한 예로, 마케팅과 영업의 비즈니스 지표를 통일해 고객 시점에서 비즈니스 활동을 수행할 수 있도록 결단을 내린 기업도 있다. 이것은 지도가 제공하는 공통언어화의 가치 중 하나라고 할 수 있을 것이다.

2. 개선을 위한 대책을 생각한다

고객이 어떤 상황에서 어떤 문제와 직면하고 어떤 감정을 느끼는지, 사업 과정을 따라가며 생각할 기회가 매우 적다는 이야기를 워크숍 참가자들에게 종종 듣는다. 신규 고객 확보 단가의 절감, 매출 목표의 달성, 제품 재구매율의 상승 등 비즈니스 지표를 고객에게 끼워 맞추는 것이 그동안 기업들의 표준이었기 때문일 것이다.

고객 여정 지도는 '고객의 상태 변화'에 집중

한다. 고객 행동의 국면은 매끄럽게 이동하는지, 접점은 고객을 충분히 지원하는지, 격렬한 감정 변화의 전후에는 어떤 일이 일어나는지 등의 관점에서 사업 과정의 과제를 발견할 수 있다. 남은 일은 개선뿐이다.

회사의 상황에 대해서도 깨닫는 바가 있다. 여러 팀의 정책이 중복되거나 고객의 행동을 방해한다면, 그 정책을 중지한다는 논리적인 판단도 가능하다. 과제에 대한 대책을 생각하는 일은 현재의 업무와 고객 경험의 개선으로 이어질 것이다. 고객의 시점을 의식해서 본질적인 문제를 찾아내고, 비즈니스 지표를 확실히 의식하면서 개선책을 생각하자.

3. 개선을 넘어 새로운 정책을 제시

고객 여정 지도는 자유롭게 스코프를 바꾸어 결과물을 만들 수 있다. 그전까지 주목하지 않았던 고객의 국면에 초점을 맞추어, 철저히 고객 경험의 질을 향상시키는 일도 가능하다.

예전에 실시한 워크숍에서는 '고객 행동' 칸과 '고객 접점' 칸이 전혀 채워지지 않아 '고객 여정의 공백지대'가 드러나는 경우도 있었다. 행동도 없고 접점도 없으면 대책도 없다. 그러므로 이 부분에 대응해서 만들어내는 정책은 완전히 새로운 정책이 된다.

고객 행동과 접점을 시간 순서대로 나열했을 때 어디에서 어디까지 회사가 대응할 수 있는지 파악할 수 있는 고객 여정 지도는 마케팅, 영업, 고객 서비스 등 어느 부문에서든 앞으로 나아갈 길을 보여주는 지도가 될 것이다.

또 **지도의 활용이 조직의 개편에도 영향을 미친 사례까지 있다.** 지도의 힘을 어떻게 이끌어낼지는 독자 여러분에게 달렸다.

	지도 작성 전	지도 작성 후
1. 공통언어화	• 부문마다 사업의 목표와 전문 지식이 달라서 고객을 중심축으로 한 공통 인식을 가지기 어렵다.	• 고객 행동을 바탕으로 일관된 인식이 생겨나, 똑같은 토양에서 대화할 수 있다.
2. 고객 경험의 개선	• 고객이 아니라 비즈니스 지표를 보기 때문에 고객의 상태 변화를 알아차리지 못한다.	• 고객에 대한 이해의 현실성이 높아진다. • 중복된 정책을 발견할 수 있다. • 과제를 제품과 고객 대응 중 어느 쪽에서 해결할지 판단할 수 있다.
3. 새로운 고객 경험과 정책의 제시	• 일련의 고객 경험을 전체적으로 바라보고 대응이 부족한 부분을 구체적으로 찾아내지 못한다. • 여러 부문을 횡단하는 과제를 발견하지 못한다. 과제를 발견해도 개선할 체제가 갖춰져 있지 않다.	• 대응책이 없는 부분이 명확해져서 새로운 정책을 투입할 수 있다. • 고객의 시점을 반영한 조직 개편이 가능해진다.

▶고객 여정 지도가 제공하는 배움.

정보를 사내에 공유한다

워크숍이 끝나면 사내에 그 성과를 보여주자. 가장 빠른 방법은 완성한 지도를 촬영해서 공유하는 것이다. 여기서는 한 발 더 나아가, 시노를 한눈에 들어오는 자료로 축약하는 방법을 소개하겠다.

프레젠테이션 소프트웨어로 자료를 만든다

워크숍의 성과물에는 입력 정보인 주제와 페르소나 시트, 출력 정보인 지도와 다음 행동 등이 있다. 여기서 정보를 추출해 프레젠테이션 소프트웨어로 자료가 될 슬라이드를 만들자. 참가하지 않은 사람들에게도 잘 전달되도록 예시를 참고해 요점을 정리한다.

지도를 보여 줄 때는 사진을 그대로 첨부하는 것이 가장 쉽다. 다만 포스트잇의 글씨가 잘 보이지 않으므로, 아이콘 등을 사용해 새로 그리거나 각 국면의 내용을 표 형식으로 정리하면 과제 해결을 위한 자료로 곧바로 활용할 수 있다. 자료의 마지막 부분에는 '다음 행동' 항목을 만들어 워크숍이 끝날 때 누가 언제 무엇을 할지 결정한 내용, 필요한 정책과 기한 등을 기재한다.

슬라이드 내용의 예

1. 표지 슬라이드
워크숍의 제목, 부서 및 담당자의 이름

2. 고객 여정과 지도의 의미
이 책 16페이지에서 설명한 고객 여정의 정의를 참고하여 정리한다.

3. 이번 지도의 대상 스코프
지도의 대상인 제품 또는 서비스, 시작점, 도착점, 기간을 정리한다.

4. 대상 페르소나의 정보
페르소나 시트를 기입한다.

5. 완성된 고객 여정 지도
완성된 지도의 사진을 첨부하거나, 사진을 보고 새로 그린다.

5. 다음 행동
완성된 지도의 사진을 첨부하거나, 사진을 보고 새로 그린다.

| 1 | 고객 여정 지도 워크숍
발견과 성과의 공유

부서·담당자 이름 | 2 | 고객 여정과 지도란?
· 고객 여정이란
  고객의 일련의 브랜드 경험을 '여행'에 빗댄 말
· 고객 여정 지도란
  '고객의 여행'을 행동/접점/감정 등의 단면에서
  가시화한 도구 | 3 | 이번의 주제
[상품] 캐주얼 패션 브랜드 'A'
[시작점] 알고 있지만 구매 경험 없음
[도착점] 구매하고 다른 브랜드와 만남
[기간] 2주 |

| 4 | 페르소나 정보 | 5 | 완성된 고객 여정 지도 | 6 | 다음 행동 |

4. 페르소나 정보
[기본 속성] 스즈키 유이/여성/만 23세
[행동 속성] 취미는 SNS/견실한 소비
[상태] 대학교 졸업 후 사회인 1년 차
부모와 함께 생활

5. 완성된 고객 여정 지도

6. 다음 행동

정책	실시 기한	담당 부서
SNS에서 유행하는 정보를 점원들과 정기적으로 공유	2주 이내	마케팅 본부

▶슬라이드에는 지도의 정보를 간단하게 정리한다.

국면	만남	정보 찾기	매장 방문	시착	구매
고객 행동	SNS에서 예쁜 옷을 발견한다	브랜드 웹사이트에 접속	매장에 찾아간다	실루엣을 확인	가회원 등록
고객 접점	SNS	스마트폰	매장	점원	매장
감정 변화	이거 예쁘다	어울릴 것 같아	가게가 어디지?	마음에 들어	잘 샀다!
대응책	인플루언서를 찾는다		점원들과 SNS 인기 아이템을 공유		나중에 본등록 안내를 보낸다

▶표 계산 소프트웨어를 사용해 지도를 글로 간결하게 정리하면 나중에 내용을 보충하기도 쉽다.

표 계산 소프트웨어로 자료를 만든다

지도의 내용을 정리하는 방법으로 위와 같이 표 계산 소프트웨어를 사용해 자료로 만드는 방법도 있다.

고객 여정 지도의 각 칸의 이름을 왼쪽 열에 배치하고, 예시와 같이 채워 나간다. 셀에는 행동과 감정, 대응책을 기입한다. 감정 변화는 긍정적인 것은 녹색, 중립적은 것은 주황색, 부정적인 것은 빨간색 등 감정 카드에 맞는 색으로 표시하면 눈에 더 잘 들어온다.

지도를 벽에 붙인다

고객 여정 지도를 큰 종이에 작성했다면 그대로 사무실 벽에 붙여 두자. 지나가던 사람들이

걸음을 멈추고 의견을 보탤 수 있다. 워크숍에 참가하지 못한 중심 인물이 있다면 지도를 보며 객관적인 의견을 들을 수도 있다.

[응용편] 구체적인 정책에 반영한다

1장에서 설명했듯 고객 여정 지도의 개발 체계는 '입력'에 대한 '출력'이다. 다시 말해 지도의 틀에 입력하는 정보가 달라지면 완전히 다른 지도가 나오므로 응용의 폭이 넓다.

아래의 그림에서는 고객 여정 지도의 틀을 다양한 정책의 기획에 이용할 수 있도록 조금 바꾼 것이다. 입력 정보를 보면 '자사의 제품 또는 서비스'가 '접근법', '페르소나'가 '접근 대상'으로 바뀌어 있다.

이렇게 해서 '대상자의 행동' '대상자의 감정' '대상자와의 접점과 자신의 행동'이라는 새로운 출력 정보 세 가지를 얻을 수 있다.

기획 1: 중심 인물 300명에게 행사 우편물을 보낸다

이제부터는 응용편이다. 고객 여정 지도의 틀을 이용해 구체적인 정책에 반영하는 방법을 설명할 것이다. 그 예로 의류 회사가 새로운 브랜드를 발표하기 위해 업계 중심 인물 300명에게 우편물을 보내는 기획을 생각해 보자.

▶접근 방법: 행사 안내 우편물 보내기
▶접근 대상: 업계 중심 인물 300명
▶시작점: 우편물을 받는다
▶도착점: 행사에 참가한다는 답장을 보낸다
▶기간: 1주

이제부터 이 5가지 사항을 입력 정보로 삼아 정책을 생각해 보자.

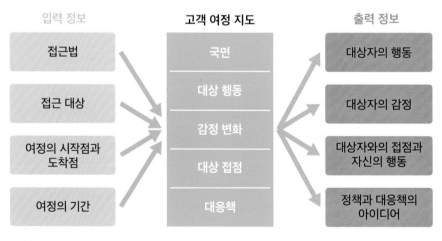

▶ 입력 정보의 변화를 통한 지도의 응용

우편물의 효과를 높일 정책

여정은 '우편물 도착' 국면에서 시작한다. 우편물을 받고 관심을 보인 경우는 '열기' 국면으로 진행된다. 내용을 읽고 매력을 느낀 사람은 개최 일시와 장소를 확인한다. 일정을 조정하고 답장을 보낸다는 흐름을 예상할 수 있다. 다만 이것은 모든 일이 잘 풀리는 경우다. 그러면 우편물을 보낸 회사는 몇 개의 벽을 넘어야 하는 것일까? 이 경우는 대략 6개라고 생각할 수 있다.

1. 우편물을 발견한다.
2. 봉투를 연다.
3. 내용을 읽는다.
4. 자신의 일로 받아들인다.
5. 일정을 조정한다.
6. 답장을 보내 참가를 신청한다.

우편물 기획을 성공시키는 조건은 이 6개의 벽을 넘는 것이다. 행사에 참가하고 싶지만 일정이 맞지 않는다면 그 사람에게 이 행사는 '자신의 일'이 아니게 된다. 그 경우는 '참가할 수 없는 분은 나중에 특별한 행사 체험 패키지를 보내 드립니다. 여기서 신청하세요.'라는 메시지를 크게 인쇄해서 불참으로 기회를 잃지 않도록 방지하는 방안도 생각할 수 있다.

고객의 시점에서 보면 '어쨌든 눈에 띄는 우편물을 만들자'라는 발상이 아니라 6개의 벽을 어떻게 넘을 수 있는지 생각하고, 그 조건을 확실히 충족하는 기획이 적절함을 이해할 것이다.

이 방법은 우편물뿐만이 아니라 다양한 콘텐츠에 응용할 수 있다. 고객의 행동과 감정을 가시화하고, 놓치고 있던 사업 기회를 발견해 회사 정책의 효과를 높이자.

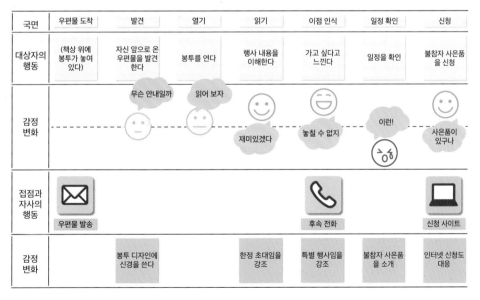

▶ 우편물 기획의 간이 지도.

기획 2: 사내에서 워크숍을 개최한다

같은 방법을 이용해서, 사내에서 고객 여정 지도 워크숍을 개최하고자 할 때의 접근법을 생각해 보자. 자신이 소속된 팀의 과제를 명확히 하고 건설적인 논의를 실시하기 위해 어떤 벽을 넘어야 할지 생각한다. 입력 정보는 다음과 같다.

- ▶접근법: 워크숍의 개최
- ▶접근 대상: 소속 부문의 두 팀, 총 6명
- ▶시작점: 고객 여정 지도에 대해 잘 이해하지 못하는 상태
- ▶도착점: 과제 해결을 위한 행동을 정한다.
- ▶기간: 2주

접근법은 자신이 퍼실리테이터가 되어 워크숍 개최를 제안하는 것이다. 접근 대상은 자신이 소속한 부문의 두 팀이며, 그중에서 6명의 참가자를 모은다.

고객 여정 지도와 그 이점을 이해하지 못하는 상태에서 시작하며, 워크숍이 끝날 때 자신들이 할 행동을 정하는 것이 도착점이다.

'다 같이 참여하자'라는 분위기를 어떻게 조성할까?

아래의 그림은 이 정보를 입력했을 때 얻을 수 있는 고객 여정 지도를 간단히 정리한 것이다. 이 책을 읽고 실제로 워크숍을 열어 보고자 한다면, 이 지도에서 예상되는 상황을 상상하고 대책을 생각해 두면 좋을 것이다.

국면	이해 전	관심을 가짐	합의 · 승인	준비	워크숍 개최	종료
대상자의 행동	처음으로 이야기를 듣는다	팀 내에서 대화한다	개최 합의와 상사의 승인	준비 돕기	참가해서 지도를 작성	다음 행동을 정한다
감정 변화	고객 여정이 뭐지?	재미있겠네	이 주제로 하자	도와야지	이 단계를 잘 모르겠어	지도 완성!
접점과 자사의 행동	회의에서 제안	주제 검토	개최 절차	개최 준비	퍼실리테이션	정책 결정
대응책 · 발견	관심을 이끌어낼 방법을 생각	상사의 합의와 승인도 중요	협조 요청이 필수	진행 중의 문답이 중요		

▶ 사내 워크숍 개최의 간이 지도

여기서 주목할 것은 '감정 변화'의 내용이다. 접근 대상인 동료는 처음에는 중립적인 상태다. 긍정적이지는 않은 상황에서 '재미있겠네' 하고 관심을 가지도록 할 필요가 있다. 첫 장벽은 여기에 있다. '이 워크숍, 재미있어 보여'라고 생각할 만한 사례를 소개하거나 '확실히 이건 해야 해'라고 자신의 일로 받아들일 수 있도록 전달하는 것이 중요하다.

순서를 따라가 보자. '이해 전' 국면에서는 이 '관심을 이끌어낼 방법을 생각'하는 일이 중요하다. 지금 팀이 직면한 과제와 처리해야 할 기획을 소재로 삼아 지도를 설명하면 그 매력과 구체성이 전달될 것이다. '합의·승인' 단계에서는 상사의 합의와 승인도 얻어야 한다.

'준비' 국면에서는 협조할 사람들에게 손을 들라고 말한다. 퍼실리테이터는 혼자서 모든 일을 처리하려 하지 말고 주위 사람들을 참여시켜야 한다. 이렇게 하면 관련된 사람들이 모두 함께 지도를 만들어낸다는 의식이 강해진다.

워크숍을 개최할 때는 퍼실리테이션을 확실하게 수행할 수 있도록 이 책의 3장과 4장에서 소개한 퍼실리테이션의 포인트를 읽어 두기를 권한다.

지도를 개발함으로써 시작점과 도착점 사이에서 사전에 대응해야 할 지점을 미리 예상할 수 있다. 대응책을 미리 생각해 두면 워크숍을 원활하게 개최하고 그 성과를 행동으로 연결할 수 있을 것이다. 자신 나름의 아이디어를 적용해서 워크숍을 성공시키자.

고객 여정의 사고방식을 익힌다

고객 여정 지도의 틀은 다양하게 응용할 수 있다. 고객 여정의 사고방식을 익히면 다른 각도에서 문제의 본질에 다가갈 수 있게 된다.

가령 회의에서 홍보 기획을 검토할 때 고객 여정 속에서 그 홍보가 어느 국면에 위치하는지, 그 기획의 전후를 연결할 정책은 충분히 고려되었는지 생각한다. 그렇게 하면 '지금 해야 할 것은 다른 콘텐츠 기획이구나'라는 결론에 다다를 수도 있다.

영업에서는 '제품 또는 서비스를 판매하고 싶다'라는 기업의 시점이 아니라 고객 기업의 과제, 중심 인물의 감정과 부담에 생각이 미치는지 돌아보자. 영업 부문이 고객이 원하는 목표로 가는 길을 함께 달리는 파트너로서 기능하고 있는지, 지도를 보며 검증한다. 이렇게 하면 매출이라는 목표를 달성하기 위해 고객의 시점에서 가능한 일을 생각하게 되고, 영업 방법에도 점차 변화가 생길 것이다.

이런 관점과 사고방식을 사내에 전파하고 침투시킬 수 있다면 기존의 회의 방식과 업무의 흐름이 달라질 것이다.

지도 개발의 8단계는 여러분이 마주한 복잡한 비즈니스 상황을 단순화해 준다. 지도라는 돋보기를 손에 들고 잘 활용하면 상황의 해상도가 전보다 크게 높아질 것이다. 고객 여정 지도 워크숍을 실시하는 진정한 의미는 여기에 있음을 마지막으로 이야기하고 싶다.

비즈니스 지표를 결정하는 법

고객 여정 지도를 비즈니스에 활용할 때 중요한 부분이 '비즈니스 지표'다. 지도가 보여주는 고객의 '상태' 변화를 비즈니스의 공통언어인 '숫자'로 나타낼 수 있으면 지도에서 얻은 가설의 설득력이 높아진다.

시작점에서는 아직 브랜드를 알지 못하고 이용 이력이 없는 잠재적 고객이, 2주 후의 도착점에서는 브랜드에 관심을 가지고, 상품을 구매하고, 회원 가입까지 한다고 가정해 보자. 이 경우의 지표로는 브랜드 인지도, 제품 구매 금액, 구매 대상 브랜드, 회원 현황을 생각할 수 있다. 시작점에서는 0이었던 이 지표들이 도착점에서는 이만큼의 숫자가 되었다는 전제로 지도를 개발하고 가설을 생각할 수 있다.

지도의 비즈니스 지표를 결정하는 방법은 자유다. 여정의 스코프에 따라 그것이 마케팅 또는 영업의 지표인지, 상품 기획의 지표인지, 고객 서비스의 지표인지 결정된다. 스코프가 넓으면 여러 부문에 걸치는 경우도 있는데, 국면별로 나눌 수도 있다. 중요한 것은 비즈니스 지표는 어디까지나 '고객의 상태를 나타낸다'는 점이다. 기업 시점의 매출 목표나 계약 목표를 페르소나에 억지로 끼워 맞추지 않도록 주의하자.

페르소나는 특정한 세그먼트를 대표하는 인물상이다. 이 관점을 통해 비즈니스 지표를 그 세그먼트 전체에 반영할 수 있다. 페르소나의 1회 평균 구매 금액이 0원에서 50만 원으로 변화할 경우, 그 세그먼트로 분류되는 고객이 1,000명이라고 하면 평균 구매 금액 × 1,000명으로 산출한 금액이 비즈니스 전체의 지표가 된다. 이처럼 시작점과 도착점의 상태를 숫자로 나타내는 데에 도전해 보자.

▶ 회사 전체와 부문에서 사용하는 비즈니스 지표를 자유롭게 설정한다

부록

접점 카드·감정 카드·페르소나 시트

이 책에서 소개하는 접점 카드, 감정 카드, 페르소나 시트는 도서의 맨 뒤에 별지로 제공된다. 추가로 템플릿이 필요한 경우, 각각에 정해진 형식은 없기 때문에 별지를 참고하여 유사하게 만들어서 사용하면 된다.

접점 카드

지도의 '고객 접점' 칸에서 사용하는, 고객이 사용하는 기기와 이용 상황 등을 나타내는 카드다. 스마트폰, TV, SNS, 검색, 매장, 세미나, 고객 상담 등 B2C와 B2B 고객 여정 지도에서 모두 사용할 수 있는 주요 카드를 엄선했다. 부족한 카드가 있을 경우 이 책에 실린 카드를 참고해 직접 만들어 보자.

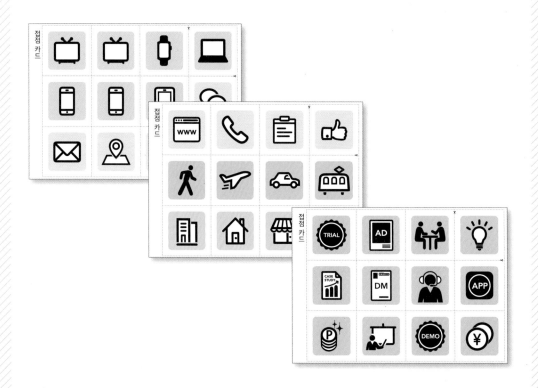

감정 카드

지도의 '감정 변화' 칸에 사용할, 고객의 감정을 나타내는 카드다. 긍정적/중립적/부정적인 감정을 서로 다른 색과 표정의 아이콘으로 표현한다.

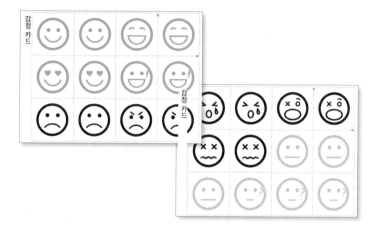

페르소나 시트

이력서 스타일로 페르소나의 상세한 정보를 기입할 수 있다. B2C용과 B2B용이 있다. B2B는 기업 페르소나와 개인 페르소나라는 두 가지 페르소나를 기입할 수 있다.

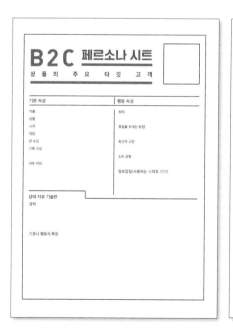

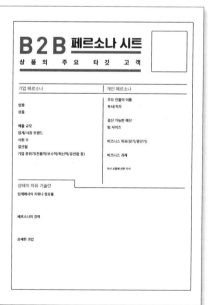

키트를 이용한 워크숍

이 책에서 소개한 고객 여정 지도의 노하우는 저자가 실시하는 워크숍과 거기서 사용하는 키트를 바탕으로 한다. 외부에 제공하거나 판매하는 것은 아니지만 여기서 간단히 소개하겠다. 한국에서는 유엑스리뷰 출판사가 본 도서의 내용을 바탕으로 고객 여정 지도 워크숍을 비정기적으로 개최한다.

고객 여정 지도 워크숍

저자가 고객사를 위해, 또는 유료 세미나에서 실시하는 고객 여정 지도 워크숍이다. 훈련을 받은 인증 퍼실리테이터의 안내를 따라 다음과 같은 키트를 사용해서 지도를 개발한다.

고객 여정 지도 개발 키트(비매품)

고객 여정 지도의 개발에 필요한 아이템을 하나의 패키지로 정리한 키트. 지도를 그릴 시트(세로 60cm × 가로 150cm), 접점 카드, 감정 카드, 페르소나 시트, 와일드카드, CEO 배지와 CMO 배지, 각종 포스트잇, 펜, 취급설명서가 작은 상자에 들어 있다. 이 키트가 있으면 워크숍 참가자들이 퍼실리테이터의 안내를 따라 8단계를 거쳐 지도를 개발할 수 있다.

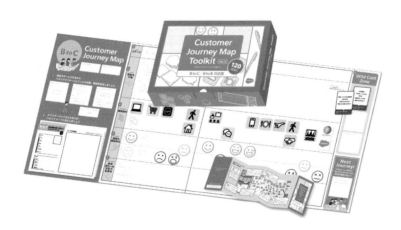

시나리오 지도 트레일 키트(비매품)

고객 여정 지도 개발 키트의 속편. 지도에서 드러난 과제에 대한 대응책을 구체적인 콘텐츠 기획안에 반영하는 '시나리오'를 작성하는 키트다. 상자 속에는 시나리오 지도의 바탕이 되는 시트, 페르소나 북, 콘텐츠 개발을 위한 아이디어를 제공하는 각종 카드, 각종·포스트잇, 취급설명서가 들어 있다.

고객 여정 지도와 시나리오 지도의 차이

이 책에서 소개한 고객 여정 지도는 일정 기간 동안 여러 국면에 걸친 고객 세그먼트의 태도 변화를 가시화하는 접근법이다. 한편 시나리오 지도는 고객 여정 지도보다 더 짧은 기간에 초점을 맞춘다. 고객의 태도가 변화하는 배경에는 어떤 계기가 있을까? 그 요인을 밝혀내고, 구체적인 시나리오를 바탕으로 콘텐츠에 반영할 수 있다.

가령, 고객 여정 지도에서 고객의 상태가 '상품에 관심이 없는 상태'에서 '상품에 있는 상태'로 변했을 때, 시나리오 지도에서는 그 '계기'를 밝혀내고 콘텐츠에 반영한다. 고객의 시점을 중심축으로 삼은 콘텐츠 개발을 통해 원활한 태도 변화를 이끌어내는 일이 가능해진다.

이처럼 필자는 항상 새로운 방법과 도구를 기획하고 개발하며 개선해 나가고 있다.

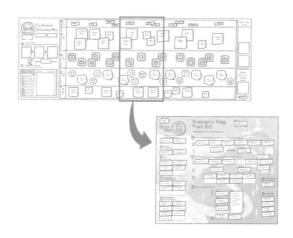

마치며

고객 여정 지도의 본질은 '시점의 전환'에 있습니다. 제한된 시간 내에 워크숍 참가자들과 함께 '고객 시점'이라는 애매한 개념을 구체화하고 '고객'과 '기업'의 입장을 오감으로써 패러다임이 전환됩니다. 그전에는 상상조차 하지 못했던 고객의 기쁨과 슬픔도 의식함으로써 새로운 발견이 이루어지는 것입니다. 이러한 전환의 원천은 우리 자신도 고객이라는 점입니다. 소비자로서 상품을 구매하고, 비즈니스 종사자로서 서비스를 검토한다는 감각을 유지하는 일은 고객 여정 지도를 만들 때 최대의 자질입니다. 이 책을 선택한 독자 여러분은 이미 그 감각을 가지고 있습니다.

지도 개발의 8단계는 불필요한 부분을 배제했기 때문에 시작과 끝이 명확하고, 무엇보다 '다 같이 왁자지껄 즐겁게' 할 수 있다는 점이 특징입니다. 적은 인원의 워크숍이라는 작은 행동부터 시작해 봅시다. 처음에는 완벽하거나 완성된 형태의 지도를 개발하지 않아도 좋습니다. '접점 카드'와 '감정 카드'를 사용하며 팀에 워크숍의 매력을 소개하는 일이, 독자 여러분의 여정의 시작이 될 것입니다.

자, 이제 여행을 떠날 때입니다.

가토 미코토

감사의 말

고객 여정 지도와 그 워크숍은 수많은 분의 협력을 통해 개발 및 개선되어 왔습니다. 이 책을 출판할 때 다음과 같은 분들의 협력을 얻었습니다. 이 자리를 빌려 다시 감사드립니다.

▶ 집필 및 편집 협력

가메야마 마사시(亀山 將)

미국과 유럽에서 마케팅과 이벤트 매니지먼트를 공부했다.

저서로는《가장 쉬운 콘텐츠 마케팅 교본 - 인기 강사가 설명하는 선전하지 않고 매출을 높이는 시스템(いちばんやさしいコンテンツマーケティングの教本—人気講師が教える宣伝せずに売れる仕組み作り)》이 있다.

▶ 편집 협력

오시마 아키히로(大島彰紘)

▶ 고객 여정 지도 워크숍 인증 퍼실리테이터

스즈키 준이치(鈴木淳一)

모리 사토시(森 聡)

하라 마사카쓰(原 昌勝)

미히라 히사키(三平久喜)

하라 다카노부(原 貴信)

사토 미오리(佐藤美織)

모노이 마리코(物井麻里子)

도쿠히사 가즈키(徳久一貴)

Memo

고객 여정 지도 워크숍 가이드

효과적인 고객 경험 관리와 UX 디자인을 위한 접근법

발행일 2023년 4월 12일

펴낸곳 유엑스리뷰

발행인 현호영

지은이 가토 미코토

옮긴이 이정미

편 집 유엑스리뷰 리서치랩

디자인 오미인

팩 스 070.8224.4322

주 소 서울특별시 마포구 백범로 35, 서강대학교 곤자가홀 1층

ISBN 979-11-92143-88-0

はじめてのカスタマージャーニーマップワークショップ(MarkeZine BOOKS)

(HAJIMETE NO CUSTOMER JOURNEY MAP WORKSHOP: 5375-9)

© 2018 Mikoto Kato

Original Japanese edition published by SHOEISHA Co., Ltd.

Korean translation rights arranged with SHOEISHA Co., Ltd. through Korea Copyright Center Inc.

Korean translation copyright © 2023 by UX REVIEW

일러스트: 야마자키 마리코

라 이 팅: 엔도 요시히로, 타카시마 토모코

좋은 아이디어와 제안이 있으시면 출판을 통해 더 많은 사람에게 영향을 미치시길 바랍니다.

투고 및 제안: uxreviewkorea@gmail.com

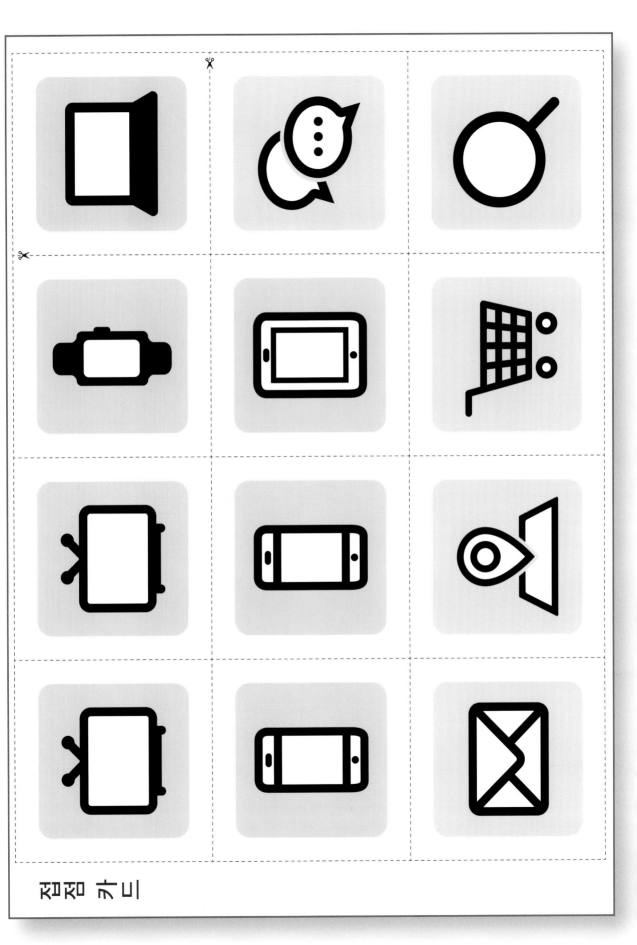

짝짝 카드

찾찾 카드

찜찜 카드

감정 카드

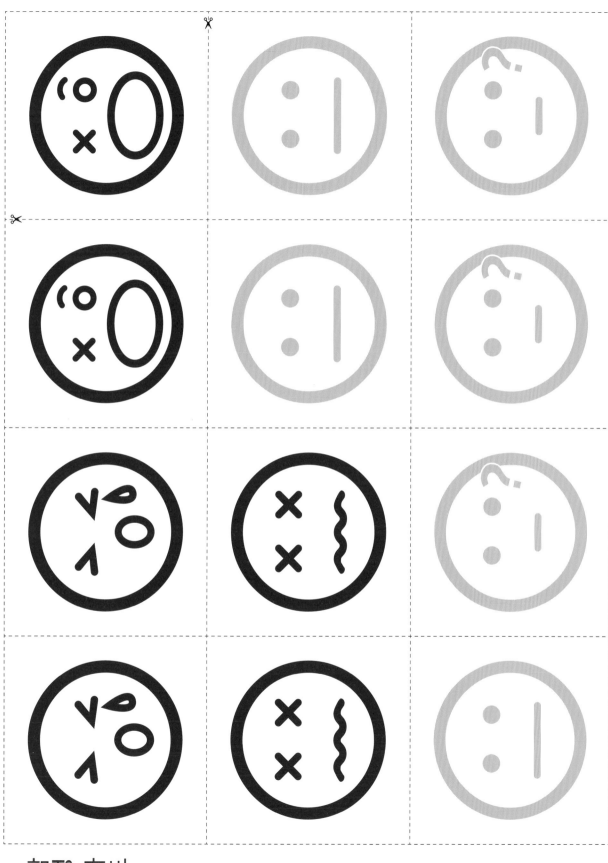

B2C 페르소나 시트

상 품 의 주 요 타 깃 고 객

기본 속성	행동 속성
이름	취미
성별	
나이	휴일을 보내는 방법
직업	
연 수입	최근의 고민
가족 구성	
	소비 성향
거주 지역	
	정보접점(사용하는 스마트 기기)

상태 자유 기술란

경력

기호나 행동의 특징

B2B 페르소나 시트

상 품 의 주 요 타 깃 고 객

기업 페르소나 | **개인 페르소나**

업종 | 주요 인물의 이름
상품 | 부서/직무
  | 결산 가능한 예산
매출규모 | 팀 사이즈
업계/시장 트렌드 | 비즈니스 목표(장기/중단기)
사원 수　　　　결산월 |
기업 분위기(전통적/혁신적/보수적/유연함 등) | 비즈니스 과제

자사 상품에 관한 지식

상태 자유 기술란

업계에서의 지위나 점유율

페르소나의 경력

상세한 과업